지급명령 신청·송달·작성방법 절차의 실무지침서

처음부터 끝까지 지급명령 신청방법·절차

편저 : 대한법률콘텐츠연구회

(콘텐츠 제공)

해설 · 최신서식

법문북스

머 리 말

　누구든지 빌려준 돈을 못받고 있으면 어떤 방법으로 어떻게 돈을 받아내야 할지 걱정을 하지 않을 수 없습니다. 돈이라는 것은 내 호주머니를 벗어나면 다시 돌려받는다는 것은 쉽지만 않습니다.

　그렇다고 해서 찾아가 빼앗아 올 수도 없고 싸울 수도 없고 사정을 한다고 해서 안 갚는 사람이 돈을 갚지 않습니다. 이러한 사람에게는 가차 없이 법적조치를 취하고 가재도구에 딱지를 붙이면 그때 가서 돈을 빌려서라도 돈을 갚으려고 나올 수 있습니다.

　아니면 달달 엮어서 고소하는 것이 낫겠다고 생각하고 빌려준 돈은 안 갚는다고 해서 사기죄가 성립하는 례는 없고 잘못 고소하여 무혐의 처분이 나면 그때 가서는 더 배짱을 부리기 때문에 돈을 받기가 점점 더 어려워질 수도 있습니다.

　사기죄로 고소하여 처벌될 위가가 되거나 신변에 위험을 느끼면 과부 달러 빚을 내서라도 그곳으로 처 들어가지 않으려면 당장 돈을 갚으려고 하겠지만 고소를 잘못하면 채무불이행에 의한 민사사안으로 취급될 소지가 다분히 높기 때문에 돈을 빌려 줄 때 기망행위를 가지고 고소하면 승산이 있습니다.

　돈을 빌릴 때 거짓말 사용하는 용도를 속이고 빌린 돈을 도박이나 증권으로 모두 탕진하였다거나 다음 달에 적금을 타서 갚겠다고 해서 돈을 발려줬는데 적금을 든 사실이 없으면 기망행위가 성립하여 사기죄로 고소하면 처벌시킬 수 있습니다.

　돈을 변제할 자력도 없는 사람을 상대로 하여 막대한 소송비용을 들여 소송을 한다는 것도 특별한 사정이 없는 한 무익할 수 있습니다. 돈을 받을 수 있는 자력이 있다면 무슨 소송이라도 어려울 것이 하나도 없습니다.

　문제는 변제할 능력이 없는 사람을 상대로 소송을 하여야 한다면 고생을 하지 않고 저렴한 비용으로 신속하게 집행권원을 얻을 수 있는 방법을 잘 선택하여야 합니다. 소송에는 여러 가지의 소송절차가 있는데 그 중에서 심문을 하지 않고 서면심리만으로 신청서에 각하사유만 없으면 저렴한 비용으로 신속한 재판을 통하여 지급명령을 발하는 독촉절차를 활용하는 것이 훨씬 빠르고 경제적입니다.

그러나 이러한 지급명령은 간이한 소송절차이므로 반드시 지급명령을 채무자에게 송달되어야 하므로 채무자에게 지급명령이 송달되지 않을 경우를 대비해 바로 주소보정을 할 수 있도록 채무자의 주민등록번호는 알고 있어야 지급명령을 신청할 수 있습니다.

또한 아무리 신속한 재판과 저렴한 비용으로 지급명령이 발령된다 하더라도 지급명령은 채무자가 이의신청을 하지 않아야 확정되고 그것으로 강제집행을 하여 못 받고 있는 돈을 돌려받을 수 있는 것이지 이의신청을 하면 다시 소송절차로 넘어가 장기간 동안 심리를 마치고 판결을 선고해야 하기 때문에 오히려 처음부터 소송을 제기하는 것보다 더 시일이 오래 걸리고 비용도 더 많이 들어가므로 잘 생각해서 채무자가 이의신청을 할 것으로 예상되면 지급명령을 신청할 것이 아니라 통상의 소를 제기하는 것이 더 빠를 수 있습니다.

지급명령신청은 채무자의 주민등록번호를 알고 있고 채무자가 지급명령을 송달받고 이의신청을 하지 않을 것으로 예상이 된다면 훨씬 더 경제적이고 시간을 아낄 수 있지만 이의신청을 할 경우 시간이 더 오래 걸리고 비용도 더 많이 들어가므로 잘 생각해서 신청하는 것이 좋습니다.

채권자들은 대부분 밑져야 본전이라는 생각으로 무작정 지급명령신청을 할 경우 지급명령이 채무자에게 송달되지 못하거나 채무자에게 송달이 되더라도 채무자가 의도적으로 이의신청을 하면 지급명령신청사건은 소송으로 다시 넘어가기 때문에 오히려 시일이 더 오래 걸릴 수 있고 들어가는 바용도 더 많이 들어갑니다.

지급명령신청사건에서는 채무자의 인적사항을 알면 채무자에게 지급명령이 송달되지 않을 경우 채무자의 주민등록초본을 발급받을 수 있으므로 주소보정을 할 수 있으나 인적사항을 모른 채 지급명령을 신청할 경우 채무자에게 지급명령이 송달되지 않으면 채무자의 주소를 확인할 수 없고 채무자의 인적사항이 기재되지 않은 채 지급명령결정이 채무자의 직장 등으로 송달이 되고 채무자가 이의신청을 하지 않아 지급명령이 확정되었다고 하더라도 후일 강제집행을 하려면 채무자의 주민등록번호가 기재되어 있지 않으면 동일인임을 증명할 수 없어 강제집행을 할 수 없는 폐단이 생길 수 있으므로 반드시 채무자의 인적사항을 알아야 지급명령을 신청할 수 있습니다.

채무자의 인적사항을 알지 못하는 경우 지급명령신청에서는 채무자의 인적사항을 확보할 수 있는 사실조회를 신청할 수 없으므로 처음부터 사실조회가 허용되는 통상의 소를 제기하는 것이 오히려 지급명령을 신청하는 것보다 훨씬 더 빠를 수가 있습니다.

지급명령신청사건에서는 공시송달이 허용되지 않습니다. 채무자의 주소가 불분명하여 공시송달의 요건이 갖추어진 경우 바로 소를 제기하고 본안소송에서 공시송달을 신청하고 송달을 끝내는 것이 더 좋습니다.

지급명령은 통상의 민사소송과는 다르게 채무자의 인적사항을 모를 때 해당기관에 대한 사실조회나 기타 과세정보제출명령이나 공시송달의 요건이 갖추어졌다 하더라도 지급명령신청에서는 허용하지 않으므로 통상의 소송을 제기하여 인적사항을 확보하는 게 필수적입니다.

지급명령결정은 채권자의 지급명령신청에 의하여 지급명령신청에 각하사유만 없으면 서면 심리만으로 채무자에의 이행명령으로 지급명령을 발합니다. 그러므로 지급명령은 소제기가 없고, 당사자를 소환하거나 심문을 하지 않고, 판결이 없고 지급명령결정에 의하고 청구원인에 대한 소명방법이 불필요하고 지급명령신청 시에 들어가는 비용으로 인지대가 통상의 소송에 비하여 10분의1밖에 되지 않고 송달요금이 저렴하다는 것이 대표적인 특징이라 할 수 있습니다.

우리 법문북스에서는 누구나 쉽게 지급명령을 신청하여 집행권원(집행력 있는 지급명령)을 얻어 바로 채무자의 재산에 강제집행을 할 수 있는 지급명령신청을 변호사 없이도 혼자서 작성하여 해결할 수 있도록 하기 위해 실제 있었던 사례를 자세히 분석하고 이에 맞게 지급명령신청서를 직접 작성하는 방법을 비롯하여 지급명령이 발령되면 지급명령을 채무자에게 쉽게 송달할 수 있는 송달방법을 보다 자세히 수록한 실무지침서를 적극 권장해 드립니다.

편저자 드림

차 례

본 문

제1장 독촉절차 지급명령 신청방법 ·· 3
    가. 지급명령의 특징 ·· 6
    나. 채무자의 인적범위 특정 ·· 6

제1절 수입인지 계산 방법 ··· 7

제2절 송달료 납부하는 기준 ··· 8

제3절 관할법원 ··· 9

제4절 지급명령정본의 송달 ··· 10

제5절 주소보정명령 ·· 11
    가. 주민등록번호를 알고 있는 경우 ··································· 11
    나. 특별송달신청 방법 ·· 11
    다. 집행관 특별송달의 절차 ·· 12
    라. 법인 등에 대한 송달 ·· 13
    마. 법인에 지급명령을 송달할 때 주의사항 ······················ 13
    바. 법인 아닌 사단 · 재단 송달 ·· 14

제6절 송달장소 ··· 15
    가. 법인에 대한 송달장소 ·· 15

나. 보충송달 ·· 16

　　　다. 근무 장소 이외의 보충송달 ···························· 17

　　　라. 동거인의 송달 ··· 17

　제7절 재 송달 신청 ·· 18

　제8절 소제기신청 ·· 18

제2장 지급명령에 대한 이의신청 ································ 19

제3장 지급명령의 확정 ··· 20

제4장 공시송달에 의한 지급명령 ································ 21

　　가. 적용요건 ·· 21

　　나. 공시송달에 의한 지급명령에 대한 채무자의 구제방법 ············ 22

제5장 지급명령(독촉)신청 방법 ··································· 23

최 신 서 식

제6장 지급명령(독촉)신청서 최신서식 31

(1) 지급명령신청서 - 대여금 300만 원 청구 원리금을 지급하지 않아 원금과 약정이자를 함께 청구하는 지급명령신청서 최신서식 31

(2) 지급명령신청서 - 권리금반환 청구 점포에 대한 임대차기간 전에 명도되어 권리금의 반환을 청구하는 지급명령신청서 최신서식 37

(3) 지급명령신청서 - 구상금 청구 보증인으로 대위변제한 금액의 지급을 청구하는 구상금 청구 지급명령신청서 최신서식 45

(4) 지급명령신청서 - 대여금 청구 보증인을 세우고 대여하였는데 변제하지 않아 채무자와 보증인에게 이자까지 청구하는 지급명령신청서 최신서식 52

(5) 지급명령신청서 - 가맹점 보증금반환 청구 가맹점계약해제 후에 보증금을 반환하지 않고 있어 청구하는 지급명령신청서 최신서식 61

(6) 지급명령신청서 - 공사대금 청구 공사대금 300만 원 소액을 지급하지 않아 청구하는 공사대금청구 지급명령신청서 최신서식 69

(7) 지급명령신청서 - 체불임금 청구 근로자가 사업주에게 체불임금을 정산하여 청구하고 지급을 구하는 지급명령신청서 최신서식 75

(8) 지급명령신청서 - 착수금반환 청구 제작의뢰 한 작업을 전혀 하지 않아 착수금의 반환을 청구하는 지급명령신청서 최신서식 83

(9) 지급명령신청서 - 물품대금 청구 제조생산 한 물품을 판매하였으나 대금을 지급하지 않아 청구하는 지급명령신청서 최신서식 90

(10) 지급명령신청서 - 공사대금 청구 공사를 완료하고 인도하였으나 공사비 잔액을 지급하지 않아 청구하는 지급명령신청서 최신서식 ·············· 97

(11) 지급명령신청서 - 대여금 청구 원금과 이자를 지급하지 않아 원리금과 약정이자를 모두 지급을 구하는 지급명령신청서 최신서식 ············· 103

(12) 지급명령신청서 - 용역비 청구 용역비를 지급하지 않고 있어 내용증명을 발송하고 그 지급을 청구하는 지급명령신청서 최신서식 ············· 110

(13) 지급명령신청서 - 월세보증금반환 청구 오피스텔 월세보증금을 반환하지 않고 있어 지급을 청구하는 지급명령신청서 최신서식 ············· 117

(14) 지급명령신청서 - 대여금 청구 200만 원을 빌려가고 차일피일 지체하며 지급하지 않고 있어 지급을 구하는 지급명령신청서 최신서식 ·········· 124

(15) 지급명령신청서 - 공사대금 청구 설치공사대금 100만 원을 차일치일 지체하며 지급하지 않아 청구하는 지급명령신청서 최신서식 ············· 130

(16) 지급명령신청서 - 공사대금 청구 공사대금 잔액 500만 원을 차일피일 지체하면서 지급하지 않아 청구하는 지급명령신청서 최신서식 ········· 136

(17) 지급명령신청서 - 월세보증금반환 청구 월세보증금 1,000만 원을 차일피일 지체하며 지급하지 않아 청구하는 지급명령신청서 최신서식 ······· 142

(18) 지급명령신청서 - 물품대금 청구 농산물을 판매하였으나 잔액을 차일피일 지체하며 지급하지 않아 청구하는 지급명령신청서 최신서식 ······· 149

(19) 지급명령신청서 - 대여금 청구 1,000만 원 차용증 쓰고 빌려준 돈을 차일피일 지체하며 갚지 않아 청구하는 지급명령신청서 최신서식 ······· 155

(20) 지급명령신청서 - 임대차보증금반환 청구 보증금을 차일피일 지체하면서 반환하지 않고 있어 청구하는 지급명령신청서 최신서식 ···················· 161

(21) 특별송달신청서 - 우편집배원 송달을 하였으나 채무자가 야간이나 공휴일에 주소지에 거주하여 집행관으로 하여금 송달하는 특별송달신청서 최신서식 ··· 168

(22) 보충송달신청서 - 채무자의 주소지로 송달이 되지 않아 채무자가 근무하는 장소에서 고용인에게 지급명령을 송달하기 위한 보충송달신청서 최신서식 ··· 171

(23) 조우송달신청서 - 지급명령을 채무자 주소지로 송달할 수 없어 채무자가 수사기관에 출석하면 그 장소에서 송달하는 조우송달신청서 최신서식 175

본문

제1장 독촉절차 지급명령 신청방법 ·················· 3

제2장 지급명령에 대한 이의신청 ·················· 19

제3장 지급명령의 확정 ·················· 20

제4장 공시송달에 의한 지급명령 ·················· 21

제5장 지급명령(독촉)신청 방법 ·················· 23

제1장 독촉절차 지급명령 신청방법

지급명령은 받지 못하고 있는 돈이 있으면 가장 저렴하고 신속한 재판을 통하여 채권자가 집행권원을 얻을 수 있도록 법이 마련한 간이소송절차로서 실무에서는 이를 독촉절차라고 합니다. 통상의 소송의 절차는 그 시일이 오래 걸리고 들어가는 비용도 많이 들기 때문에 쟁점이 거의 없고 판단이 어렵지 않은 사건에 대한 해결에는 적합하지 않은 측면이 있습니다.

그리하여 현행법은 통상의 소송에 비하여 그 절차를 축소시킨 간이소송절차를 마련하여 소송경제 및 신속한 재판의 이념을 도모하여 나아가 본안소송에 대한 법원의 후견적 개입을 강화하여 영세소액채권자의 권리를 효율적·실질적으로 구제할 수 있고 법조 인력의 낭비를 막을 수 있으므로 현행법은 간이소송절차로 첫째, 소액사건심판절차 둘째, 독촉절차 지급명령의 두 가지를 규정하고 있습니다.

소액사건심판절차는 3,000만 원을 초과하지 아니하는 금전 기타 대체물이나 유가증권의 일정한 수량의 지급을 구하는 사건을 보다 신속하게 해결할 수가 있도록 마련한 절차이고, 독촉절차 지급명령은 금전 기타 대체물(동 종류의 물건으로 바꿀 수 있는 물건, 동 종류의 물건으로 바꿀 수 없는 부대체물은 제외합니다)과 유가증권의 일정한 수량에 대한 지급을 목적으로 하는 청구권을 실현함에 있어 청구금액은 제한이 없고 채무자에게 지급명령을 반드시 송달하여야 하므로 채무자의 인적사항을 알아야 하는 일정요건이 갖추어지면 보다 쉽게 집행권원(집행력 있는 지급명령)을 얻을 수 있도록 한 절차입니다.

지급명령은 채권자만 심문하여 지급명령신청서에 각하사유만 없으면 서면심리만으로 채무자의 이행명령으로 지급명령을 발하므로 판결절차에 선행하는 대용절차라고 합니다. 그러므로 지급명령신청은 채무자의 인적사항을 알고 채무자가 청구채권을 다투지 않을 것으로 인정되는 경우에 지급명령을 신청하는 것이 낫고, 채무자의 인적사항을 알지 못하고 채무자의 주소가 불분명하고 채무자가 이의신청을 할 것으로 예상되는 경우 통상의 소제기에 의하는 것이 낫습니다.

채권자가 밑져야 본전이라는 생각으로 무작정 지급명령신청을 할 경우 지급명령이 채무자에게 송달되지 못하거나 채무자에게 송달이 되더라도 채무자가 의도적으로 이의신청을 하면 지급명령신청사건은 소송으로 다시 넘어가기 때문에 오히려 시일이 더 오래 걸릴 수 있고 들어가는 바용도 더 많이 듭니다. 지급명령신청사건에서는 채무자의 인적사항을 알면 채무자에게 지급명령이 송달되지 않은 경우 채무자의 주민등록초본을 발급받을 수 있으므로 주소보정을 할 수 있으나 인적사항을 모른 채 지급명령을 신청할 경우 채무자에게 지급명령이 송달되지 않으면 채무자의 주소를 확인할 수 없고 채무자의 인적사항이 기재되지 않은 채 지급명령결정이 채무자의 직장 등으로 송달이 되고 채무자가 이의신청을 하지 않아 지급명령이 확정되었다고 하더라도 후일 강제집행을 하려면 채무자의 주민등록번호가 기재되어 있지 않으면 동일인임을 증명할 수 없어 강제집행을 할 수 없는 폐단이 생길 수 있으므로 반드시 채무자의 인적사항을 알아야 지급명령을 신청할 수 있습니다.

채무자의 인적사항을 알지 못하는 경우 지급명령신청에서는 채무자의 인적사항을 확보할 수 있는 사실조회를 신청할 수 없으므로 처음부터 사실조회가 허용되는 통상의 소를 제기하는 것이 오히려 지급명령을 신청하는 것보다 훨씬 더 빠를 수가 있습니다. 지급명령신청사건에서는 공시송달이 허용되지 않습니다. 채무자의 주소가 불분명하여 공시송달의 요건이 갖추어진 경우 바로 소를 제기하고 본안소송에서 공시송달을 신청하고 송달을 끝내는 것이 더 좋습니다.

지급명령은 통상의 민사소송과는 다르게 채무자의 인적사항을 모를 때 해당기관에 대한 사실조회나 기타 과세정보제출명령이나 공시송달의 요건이 갖추어졌다 하더라도 지급명령신청에서는 허용하지 않으므로 통상의 소송을 제기하여 인적사항을 확보하는 게 필수적입니다.

독촉절차 지급명령은 금전 그 밖의 대체물(동 종류의 물건으로 바꿀 수 있는 물건, 동 종류의 물건으로 바꿀 수 없는 부대체물은 제외됩니다)이나 유가증권의 일정한 수량의 지급을 목적으로 하는 청구에 대하여 채권자로 하여금 간이·신속하게 집행권원(집행력 있는 지급명령)을 취득하도록 하기 위하여 이행의 소를 대신하여 법이 마련한 특별소송절차입니다.

독촉절차에 관하여는 '독촉절차 관련 재판업무처리에 관한지침(독촉예규)' 제정되어 있습니다. 독촉절차는 원래 단독판사가 담당하였으나 법원조직법 개정에 따라 2005. 7. 1. 이후부터 접수된 사건부터는 사법보좌관(지방법원이니 지원)도 독촉절차에서의 법원의 사무를 담당할 수 있게 되었습니다.

독촉절차에서의 법원의 사무는 관할 및 첩부인지를 심사하고 송달을 확인하는 정형적인 사무이고 독촉절차는 채무자의 이의에 의하여 비로 쟁송 적 성격을 가지게 되는 것이므로 지방법원이나 지원의 경우 사법보좌관의 사무로 한 것입니다. 한편 '소송기록의 송부시점' 기준으로 하여 기록송부 발령법원이 행하는 사무(이의신청의 형식적인 요건을 판단하는 사무를 포함합니다)는 사법보좌관이 담당하고, 적법한 이의신청이 제기되어 소송기록을 관할법원에 송부한 후의 사무는 판사가 담당하게 됩니다.

이에 따라 부적법한 이의신청에 대한 각하결정. 부족한 첩부인지액 또는 송달요금 추납의 보정명령이나 지급명령신청서 각하결정도 사법보좌관의 사무에 포함됩니다. 전자독촉사건은 종래 '독촉절차에서의 전자문서 이용 등에 관한 법률' '독촉절차에서의 전자문서 이용 등에 관한 규칙' 에 의하여 규율되었으나 위 법률 등이 폐지되고 '민사소송 등에서의 전자문서 이용 등에 관한 법률' 과 '민사소송 등에서의 전자문서 이용 등에 관한규칙' 이 전자독촉절차에도 적용됨에 따라 전자독촉사건의 업무처리에 필요한 사항' 은 민사소송 등에서의 전자문서 이용 등에 관한 업무처리지침' 추가되었습니다.

가. 지급명령의 특징

지급명령결정은 채권자의 지급명령신청에 의하여 지급명령신청에 각하사유만 없으면 서면 심리만으로 채무자에의 이행명령으로 지급명령을 발합니다. 그러므로 지급명령은 소제기가 없고, 당사자를 소환하거나 심문을 하지 않고, 판결이 없고 지급명령결정에 의하고 청구원인에 대한 소명방법이 불필요하고 지급명령신청 시에 들어가는 비용으로 인지대가 통상의 소송에 비하여 10분의1밖에 되지 않고 송달요금이 저렴하다는 것이 대표적인 특징이라 할 수 있습니다.

나. 채무자의 인적범위 특정

지급명령은 반드시 채무자에게 공시송달을 제외한 방법으로 송달되어야 신청할 수 있습니다. 지급명령을 신청할 때 채무자의 인적사항을 알지 못하면 지급명령이 채무자에게 송달되지 않았을 때 채무자의 주소를 확인할 수 없고 채무자의 주민등록번호를 기재하지 않은 채 지급명령을 채무자의 사무소나 영업소 또는 직장으로 송달하여 지급명령이 채무자에게 송달되어 확정되었다고 하더라도 지급명령에 채무자의 주민등록번호가 기재되어 있지 않으면 동일인임을 증명할 수 없어서 강제집행을 할 수 없는 폐단이 생길 수 있으므로 지급명령을 신청하기 위해서는 채무자의 인적사항을 알아야 신청할 수 있습니다.

독촉절차 지급명령신청은 간이소송절차로서 공시송달을 신청할 수 없고 인적사항을 알지 못하더라도 통상의 소송절차에서는 사실조회신청으로 인적사항을 조회할 수 있으나 지급명령신청에서는 사실조회신청을 할 수 없기 때문에 지급명령을 신청하려면 채무자의 인적사항을 알아야 지급명령을 신청하고 인적사항을 모를 때는 바로 통상의 소송을 제기하고 공시송달을 하거나 인적사항을 사실조회를 신청하여 확보하여야 합니다.

제1절 수입인지 계산 방법

지급명령신청서에는 청구금액에 비례하여 아래와 같이 산출한 그 해당액의 인지액을 현금으로 납부하거나 인지를 붙여야 합니다.

소송목적의 값이 1,000만 원 미만,

소가×0.005÷10=인지대,

소송목적의 값이 1,000만 원 이상

1억 원 미만,

소가×0.0045+5,000÷10=인지대,

소송목적의 값이 1억 원 이상

10억 원 미만,

소가×0.0040+55,000÷10=인지대,

소송목적의 값이 10억 원 이상

청구금액 제한없음,

소가×0.0035+555,000÷10=인지대,

붙여야 할 인지대가 1천 원 미만의 경우 1천 원의 인지를 붙이고, 1천 원 이상일 경우 1백 원 미만의 단수는 계산하지 않고 1만 원 이상일 때는 현금으로 납부하는 경우 인터넷에서 인지수납대행기관의 홈페이지를 통하여 신용카드 등으로 납부하여 그 납부확인서를 지급명령신청서에 첨부하시면 됩니다.

인터넷에서 신한은행을 통하여 인지대와 송달료를 납부하는 방법으로는 우선 준비할 것은 1.공인인증서 2.본인명의의 신행은행 계좌 3.프린트를 준비하셔야 합니다. 신한은행 인터넷 뱅킹에 접속합니다. 전체메뉴에서 공과금/법원을 클릭하시면 법원 소송인지대를 클릭하고 인지대든 송달료든 똑 같이 진행하시면 됩니다. 지급명령을 처음 접수하는 경우에는 '예납'을 누르고 사건 진행 중에 인지대(송달료)가 부족하여 추가로 납부하는 경우 '추납'을 선택하여야 합니다. 예납을 하는 경우에는 아직 사건번호가 없으므로 사건번호 란이 안 보이는 것이고 추납하는 경우에는 사건번호를 입력하는 곳이 나오는데 사건번호를 누르면 됩니다.

법원코드 목록은 사건을 접수한 관할법원을 선택하는 것인데 법원코드목록을 누르면 전국의 모든 법원이 나옵니다. 거기에서 관할법원을 선택합니다. 본인의 연락처와 계좌번호를 누르면 납부가 되며 송달료(인지대) 법원제출용 용지를 출력할 수 있는 화면이 뜨면 출력을 눌러서 발급하시면 됩니다. 가운데에 있는 절취선을 자르고 법원제출용만 지급명령신청서에 첨부해 법원에 제출하시면 됩니다. 제출하는 방법은 지급명령신청서 표지 뒷면에 인지대와 송달료 납부서를 풀로 붙이고 제출하시면 됩니다.

제2절 송달료 납부하는 기준

지급명령신청서에는 청구금액과 상관없이 소정의 송달료를 예납하고 그 납부서를 지급명령신청서에 첨부하여야 합니다.

송달요금 1회분은 2021. 09. 01.부터 금 5,200원으로 송달요금이 인상된 금액입니다. 송달요금 계산방법은 청구금액에 상관없이 채무자 1인, 채무자 1인을 기준으로 하여 각 6회분씩 총 12회분의 금 62,400원의 송달요금을 예납하고 그 납부확인서를 위 인지대 납부확인서와 함께 지급명령신청서에 첨부해 제출하시면 더 이상 들어가는 비용이 없으므로 지급명령신청에는 비용이 매우 저렴하다고 하는 것입니다.

제3절 관할법원

독촉절차는 지급명령신청시를 기준으로 하여 채무자의 보통 재판적(민사소송법 제3조 내지 제6조)소재지의 지방법원이나 민사소송법 제7조 내지 제9조, 제12조 또는 제18조의 규정에 의한 지방법원의 전속관할에 속합니다(민사소송법 제463조). 즉 채무자의 주소가 있는 곳을 관할하는 지방법원이나 사무소·영업소에 계속 근무하는 사람에 대하여는 근무지 관할 지방법원(제7조) 거소지 또는 의무이행지 관할 지방법원(제8조) 어음·수표에 관한 청구의 경우 지급지 관할 지방법원(제9조) 채무자에게 사무소나 영업소가 있는 경우에 사무소·영업소에 관계 되는 청구에 한하여 그곳을 관할하는 지방법원(제12조) 불법행위에 관한 청구(손해배상 등)인 경우 불법행위지 관할 지방법원(제18조)에서 지급명령을 신청하시면 처리할 수 있습니다.

특히 민사소송법 제8조에 따른 의무이행지 법원이 관할 법원에 추가됨에 따라 실체법이 특정물의 인도청구 이외의 채무에 대해서는 지참채무의 원칙을 채택하고 있기 때문에(민법 제467조 상법 제56조 참조) 채권자는 자기의 주소지 법원에 지급명령을 신청할 있게 되었습니다. 예를 들어 채권자가 전라남도 완도군에 거주하는 경우 채무자가 경기도 김포시에 거주하는 경우 대금을 특별히 채무자의 주소지에서 지급받기로 한 약정이 없는 한 의무이행지 관할법원인 광주지방법원 해남지원 완도군법원이나 인천지방법원 부천지원 김포시법원에 지급명령신청을 할 수 있습니다.

독촉절차의 관할법원은 전속관할이므로 관련사건의 관할(민사소송법 제25조)합의관할(제29조) 변론관할(제30조) 등의 규정은 적용될 수 없습니다(제31조). 민사소송법 제12조에서 말하는 사무소·영업소란 채무자 자신이 경영하는 사무소·영업소를 말하는 것이고 제7조의 사무소·영업소는 채무자가 피용자로서 근무하는 타인의 사무소·영업소를 말합니다.

지급명령신청은 위 전속관할을 위반하면 지급명령신청을 각하하여야 하고(민사소송법 제465조, 제463조) 전속관할을 위반하여 신청된 지급명령신청은 다시 관할법원에 이송할 것이 아니고 각하하여야 합니다.

할부거래에 관한 법률 제44조, 방문판매 등에 관한 법률 제53조, 전자상거래 등에서의 소비자보호에 관한 법률 제36조의 전속관할에 위반되는 지급명령신청의 경우에는 민사소송법 제463조의 관할에 해당하더라도 이를 각하하여야 합니다.

그러나 법원이 전속관할의 규정에 위배하여 지급명령을 한 경우에도 지급명령이 채무자에게 송달된 이상 지급명령으로서 효력이 있으므로 채무자로서는 이의신청을 하는 외에 다른 수단이 없습니다. 독촉절차 지급명령신청은 청구액에 관계없이 단독판사 또는 사법보좌관이 담당하고 시법원이나 군법원에서도 담당하고 전속적으로 처리합니다.

제4절 지급명령정본의 송달

법원은 지급명령신청이 각하사유만 없으면 서면심리만으로 채무자에의 이행명령으로 지급명령을 발합니다. 지급명령이 발령되면 가장 먼저 채무자에게 지급명령정본을 송달하고 지급명령이 채무자에게 송달되면 재판사무시스템에 송달일자를 공증합니다.

채무자가 지급명령을 송달받고도 이의신청을 하지 않아 지급명령이 확정된 경우 법원은 재판사무시스템에 확정일자를 공증합니다. 이어서 지급명령이 확정된 경우 법원은 지급명령정본의 채무자 인적사항 옆으로 송달일자와 확정일자를 기재하는 방식으로 정본을 출력해 채권자에게 지급명령을 송달합니다. 이때 지급명령정본을 송달받은 채권자는 바로 채무자를 상대로 강제집행을 실시할 수 있습니다.

제5절 주소보정명령

법원은 지급명령이 채무자에게 송달불능 된 때에는 채권자에게 7일 이내에 채무자에게 지급명령을 송달가능한 주소를 보정하라는 주소보정명령을 합니다. 채권자는 주소보정명령을 가지고 가까운 주민 센터로 가서 채무자의 주민등록초본을 발급받아 채무자가 이사를 하지 않고 그대로 거주하는 것으로 밝혀진 경우 지급명령의 재송달을 신청할 수도 있고 채무자가 다른 곳으로 이사를 했으면 그 이사 간 주소지로 주소보정을 하시면 됩니다.

채무자가 늦은 시간에 귀가할 경우 우편집배원으로 하여금 송달할 수 없는 경우 지급명령을 발한 그 법원 소속 집행관으로 하여금 휴일이나 야간 또는 공휴일을 이용하여 지급명령을 송달할 수 있는 특별송달을 신청할 수 있습니다.

가. 주민등록번호를 알고 있는 경우

채권자가 지급명령을 신청할 때 채무자의 주민등록번호를 알고 있더라도 주소를 알 수 없는 경우에도 함부로 채무자의 주민등록초본을 발급받을 수가 없습니다. 채무자의 주소가 변경되었거나 주소가 정확하지 않아 지급명령이 송달되지 않을 것으로 판단되는 경우 지급명령을 신청하면서 법원에 미리 주소보정명령신청을 하시면 법원에서 지급명령을 발하기 전에 채무자의 주민등록번호를 기재하고 채권자에게 주소보정명령을 하게 됩니다.

채권자는 주소보정명령을 가지고 가까운 주민 센터로 가시면 채무자의 주민등록초본을 발급받을 수 있습니다. 채무자의 주민등록초본을 발급받아 새로운 주소로 주소보정을 하시면 법원에서는 채무자의 그 주소지로 지급명령을 송달하게 됩니다.

법원에서는 채무자의 주민등록번호가 기재되어 있는 경우 채무자에 대한 주소보정명령을 할 수 있습니다.

나. 특별송달신청 방법

법원에서 지급명령을 채무자의 주소지로 송달하였으나 채무자가 늦은 시간대에 귀가하는 등 휴일이나 야간을 이용하여 지급명령을 송달하고자 할 때는 소속 집행관으로 하여금 지급명령을 송달할 수 있는 특별송달을 신청할 수 있습니다.

특별송달은 법원 소속 집행관이 직접 채무자의 주소지로 찾아가 지급명령을 전달하여 송달하는 방식입니다. 특별송달은 주간이나 야간 또는 토요일이나 휴일에도 송달할 수 있습니다. 그러므로 채권자는 채무자에게 지급명령을 송달가능한 때를 선택하여 특별송달을 시도해 볼 필요가 있습니다.

지급명령에 대한 특별송달은 일반적인 우편집배원의 송달이 불가능할 때 활용하여 송달하는 제도입니다.

다. 집행관 특별송달의 절차

집행관에 의해 송달하는 경우에는 법원사무관이나 지급명령의 경우 지방법원이나 지원의 사법보좌관은 당사자로부터 송달수수료 등의 비용(집행관수수료규칙 제25조 제1항)을 예납 받아야 합니다. 집행관이 송달을 실시하였으나 수취인부재 또는 폐문부재로 송달불능 된 경우에는 접수한 날부터 7일 이내에서 총 3회까지 송달을 실시하여야 합니다.

집행관이 송달을 실시하였으나 송달불능이 된 때에는 이웃사람, 공동주택의 관리인 또는 경비원 등에게 송달받을 사람의 거주 여부 등을 확인한 내용과 건물의 외관상 나타나는 특이사항(가스·전기 등의 사용 상황, 우편물의 수취 상황 등 포함합니다) 등을 '송달현장상황탐지 등 결과통지서' 해당란에 구체적으로 적어서 전자통신매체를 이용하여 법원에 제출하여야 합니다. '송달현장상황탐지 등 결과통지서'에는 현장상황의 설명을 위하여 건물의 외부 사진·도면 등의 자료를 붙여야 합니다.

소속 집행관은 지급명령의 송달이 불능 된 때에는 지급명령정본을 해당 법원으로 반송하여야 합니다. 다만 민사소송 등에서의 전자문서 이용 등에 관한 법률 제12조 제1항의 규정에 따른 송달의 경우에는 전자문서를 다시 출력하여 송달하면 되므로 반송할 필요가 없습니다.

라. 법인 등에 대한 송달

소송법상 법정대리와 법정대리인에 관한 규정은 법인의 대표자에 준용되므로 법인에 대한 지급명령의 송달은 그 대표자가 송달받을 사람이 됩니다. 민법상 사단법인이나 재단법인의 대표자는 이사, 임시이사 또는 청산인이 있고, 특별한 경우에는 특별대리인이 있습니다. 상법상 회사에 있어서는 합명회사의 업무집행사원, 합자회사의 무한책임사원, 주식회사의 대표이사, 유한회사의 경우 이사나 대표이사가 회사를 대표합니다.

이들의 대표자는 등기에 의하여 공시되므로 법인등기사항전부증명서 등에 의해 대표자를 확인하여 지급명령을 송달받을 사람을 결정해야 합니다. 이들 대표자가 여러 사람이 있는 경우 그것이 각자 대표의 경우건 공동대표의 경우이건 불문하고 그 가운데 한 사람에게만 지급명령을 송달하면 충분하고 설령 당사자가 공동대표로 한다는 특약을 하더라도 효력이 있습니다.

마. 법인에 지급명령을 송달할 때 주의사항

법인에게 지급명령정본을 송달을 할 때에는 특히 다음과 같은 사항을 주의하여야 합니다.

첫째, 법인에 대한 지급명령의 송달은 송달받을 사람이 법인의 대표자이므로 대표자의 주소지로 송달하는 것이 원칙입니다. 그러나 법인의 주소지(본점 소재지)도 적법한 송달장소이므로 당사자가 특별히 송달할 장소를 대표자의 주소지로 표시하지 않은 경우에 송달의 가능성, 송달 받을 사람의 편의 등을 고려하여 법인등기사항전부증명서 등에 나타난 법인의 주소지(본점 소재지)로 지급명령의 송달을 할 수 있습니다.

둘째, 위 첫째항 단서에 따라 법인의 주소지(본점 소재지)로 먼저 송달을 실시하였다가 지급명령이 송달불능 된 경우(법인의 주소지로 송달되다가 도중에 송달불능 된 경우 포함합니다)에는 법인등기사항전부증명서 등에 나타난 법인 대표자의 개인 주소지로 지급명령의 송달을 신청하여야 합니다.

셋째, 법인이 송달장소를 신고하여 그 곳으로 송달이 실시되어 오다가 송달불능 된 경우에는 바로 발송송달을 실시하여서는 안 되고 법인등기사항전부증명서 등에 나타난 법인 대표자의 개인 주소지 및 법인의 주소지로 지급명령의 송달을 할 수 있습니다.

나아가 실무상 은행 등 금융기관이 소관지점과 소재지를 주소지로 기재하는 예가 많이 있는데 이 경우에는 소관지점을 '송달받을 장소' 신고한 것으로 볼 수 있으므로 그 법인에 대한 지급명령의 송달은 특별한 사정이 없는 한 소관지점을 송달장소로 하여 송달할 수 있습니다.

법인의 경우 사실상 해산된 상태에 있거나 기타의 이유로 영업소·사무소가 폐쇄되거나 다른 곳으로 이전해 버렸을 뿐 아니라 대표자의 주소·거소·근무 장소 등 어느 것도 알 수 없는 경우에 공시송달의 요건이 충족된 경우 지급명령신청에서는 공시송달을 할 수 없으므로 소제기신청을 하여 본안 법원에서 공시송달을 신청하여 송달하여야 합니다.

다만 법인의 대표자가 사망하였고 달리 법인을 대표할 사람이 정하여지지도 아니하여 법인에 대해 송달 자체를 할 수 없는 경우에는 공시송달의 요건이 충족된 경우 지급명령신청에서는 공시송달을 할 수 없으므로 소제기신청을 하여 본안 법원에서 특별대리인 선임신청을 하거나 선임된 특별대리인에게 송달을 하여야만 합니다.

채무자가 해산간주, 해산, 청산종결 된 법인의 법인등기사항전부증명서를 제출할 때에 감사만 기재된 법인등기사항전부증명서를 제출하는 경우 해산간주, 해산, 청산종결당시의 법인등기사항전부증명서(말소사항 포함합니다)에 따라 해산간주, 해산, 청산종결로 말소된 당시의 대표이사 즉 대표청산인이 누구인지 확인한 후에 지급명령을 송달할 수 있습니다.

바. 법인 아닌 사단·재단 송달

법인 아닌 사단법인이나 재단법인으로서 그 대표자 또는 관리인이 있으면 그 이름으로 당사자가 될 수 있으므로 그에 대한 지급명령의 송달은 대표자 또는 관리인을 송달받을 사람으로 정하여 송달할 수 있습니다.

제6절 송달장소

지급명령의 송달은 송달받을 사람의 주소·거소·영업소 또는 사무소에서 합니다.

여기서 말하는 '영업소 또는 사무소'는 어느 정도 독립하여 업무의 전부 또는 일부가 총괄적으로 경영되는 장소이면 족하고 한시적 기간에만 설치가 되거나 운영되는 곳이라 하더라도 그곳에서 이루어지는 영업이나 사무의 내용, 기간 등에 비추어 볼 때 어느 정도 반복해서 송달이 이루어질 것이라고 객관적으로 기대할 수 있는 곳이라면 영업소 또는 사무소에 해당하여 지급명령의 송달장소로 할 수 있습니다.

위와 같은 주소 등을 알지 못하거나 그 장소에서 송달할 수 없는 때에는 송달받을 사람이 고용·위임 그 밖에 법률상 행위로 취업하고 있는 다른 사람의 주소 등, 즉 '근무 장소'에 지급명령을 송달할 수 있습니다.

한편 법정대리인에 대한 송달은 본인의 영업소나 사무소에서도 송달할 수 있습니다. 송달받을 사람에게 송달할 장소가 여러 곳 있을 수가 있는데 우선은 지급명령신청에 표시한 채무자의 장소로 송달할 것입니다. 기록상 송달할 수 있는 장소가 여러 곳 있는 경우에는 송달될 가능성이 많고 송달받을 사람에게 편리한 곳을 선택하여야 하는바, 그 송달장소의 선택은 송달사무처리자인 법원사무관이나 지급명령신청의 경우에 지방법원이나 지원의 사법보좌관의 재량에 속합니다.

가. 법인에 대한 송달장소

법인이 채무자인 경우에는 지급명령을 송달받을 사람은 그 대표이사입니다.

그 송달도 대표자의 주소·거소·영업소·사무소에서 하는 것이 원칙입니다. 한편 법인에 대한 송달장소로서의 '영업소·사무소'는 송달받을 사람, 이를테면 대표자 자신이 경영하는 당해 법인의 영업소 또는 사무소를 의미하는 것입니다.

송달받을 사람의 주소나 영업소 등을 알지 못하거나 그 장소에서 송달할 수 없는 때에 송달받을 사람이 고용·위임 그 밖에 법률상 행위로 취업하고 있는 다른 사람의 주소 등 '근무 장소'를 특정하여 지급명령을 송달할 수 있습니다.

근무 장소에서의 송달은 송달받을 사람의 주소 등의 장소를 알지 못한다거나 그 장소에서 송달할 수 없는 때에 한하여 할 수 있으므로 송달받을 사람의 주소·거소·영업소·사무소가 있는 경우에 먼저 그 주소 등의 장소에 지급명령을 송달하여 보아야 하고 그 주소 등의 장소에서는 송달이 불가능하거나 또는 주소 등의 송달장소를 알 수 없을 경우에 한하여 바로 보충적으로 근무 장소에서 지급명령을 송달할 수 있게 됨을 주의해야 합니다.

따라서 지급명령신청서에 기재된 주소 등의 장소에 대한 지급명령의 송달을 시도하지 않은 채 먼저 근무 장소로 한 지급명령의 송달은 위법하다고 하는 대법원 판례 2004. 7. 21.자 2004마535 가 있습니다.

나. 보충송달

지급명령을 근무 장소 이외의 송달할 그 장소에서 송달받을 사람을 만나지 못한 때에는 그 사무원·피용자 또는 동거인으로서 사리를 분별할 지능이 있는 사람에게 지급명령을 송달할 수 있습니다. 또한 근무 장소에서 채무자를 만나지 못한 때에는 그를 고용하고 있는 사람 또는 그 법정대리인이나 피용자 그 밖의 종업원으로서 사리를 분별할 지능이 있는 사람이 지급명령의 수령을 거부하지 아니하면 그에게 지급명령을 송달할 수 있습니다. 이를 '보충송달'이라고 합니다.

보충송달을 받을 수 있는 사람, 즉 주소·영업소 등의 사무원·피용자·동거인 또는 근무 장소의 고용주·고용주의 법정대리인·피용자·종업원 (직장동료 근무자) 등을 수령대행인이라고 합니다. 지급명령의 송달받을 사람 채무자를 만나지 못한 이상 장기부재 등이 아닌 한 그 사유는 불문하므로, 외출·여행과 같은 현실적인 부재이거나 또는 질병·집무중 등으로 면회를 거절당한 경우에도 지급명령은 보충송달을 할 수 있습니다.

다. 근무 장소 이외의 보충송달

지급명령의 수령대행인이 될 수 있는 사무원·피용자는 반드시 고용관계가 있어야 하는 것은 아니고, 평소 본인을 위하여 사무, 사업의 보조, 가사를 계속 돕는 사람을 의미합니다. 이를테면 합동법률사무소의 사무원은 소속 변호사 전원을 위한 사무원이라 할 수 있습니다.

그 밖의 운전기사·가정부 등의 가사사용인 역시 피용자의 범주에 넣을 수 있으므로 채무자를 대신해 지급명령을 송달할 수 있습니다.

한편 사무원이나 피용자는 송달장소에 거주할 필요도 없고, 늘 그곳에 있으면서 사무를 처리하거나 근무할 필요 없으며, 일시적으로만 송달장소에 머무르는 경우에도 채무자를 대신해 지급명령을 송달받을 수가 있습니다.

그러나 고용관계가 없는 사람, 말하자면 송달받을 사람이 거주하고 있는 아파트나 빌라 등의 경비원이나 그의 사무실이 입주하여 있는 빌딩의 관리인이나 수위에게는 채무자를 대신해 지급명령을 보충송달을 할 수가 없습니다.

라. 동거인의 송달

동거인은 송달받을 사람 채무자와 같은 한 세대에 속하여 생계를 같이 하는 사람을 말합니다. 동거인은 반드시 법률상 친족관계가 있거나 주민등록상 동일 세대에 속할 필요는 없습니다.

동거관계가 장기적이 아니라 일시적이어도 상관은 없습니다.

따라서 이혼한 처라도 사정에 의하여 사실상 동일 세대에 소속되어 생활을 같이 하고 있다면 채무자의 지급명령을 대신하여 수령대행인으로서의 동거인이 될 수 있으므로 보충송달을 할 수가 있습니다.

제7절 재 송달 신청

주소불명 또는 수취인불명으로 소송서류나 지급명령정본이 반송된 경우 법원은 먼저 송달 시의 우편봉투에 기재된 주소 및 성명에 오기가 없었는지를 조사한 후 오기가 있었음이 확인되면 다시 올바르게 기재하여 재 송달을 실시하여야 합니다.

폐문부재로 반송된 경우에도 일단 재 송달을 실시하는 것이 원칙이나 재 송달을 하여도 반송될 만한 사정이 엿보일 때에는 바로 주소보정명령으로 나아갈 수도 있습니다.

따라서 등기우편 등 대법원규칙이 정하는 방법으로 하는 발송송달은 적어도 지급명령의 송달에서는 신중을 기하여야 합니다. 반송된 서류에 다른 주소(이사 간 곳 또는 장기체류지)가 기재되어 있을 때에는 우선 그 곳으로 재 송달을 실시하여야 합니다.

제8절 소제기신청

채권자는 법원으로부터 채무자에 대한 주소보정명령을 받은 경우 소제기신청을 할 수 있습니다(민사소송법 제466조 제1항). 채권자로부터 적법한 소제기신청이 있으면 지급명령을 신청한 때에 소가 제기된 것으로 보므로(민사소송법 제472조 제1항) 바로 소송절차로 옮겨집니다.

법원이 보정명령에서 정한 기간 안에는 물론이고 기간이 지난 경우에도 법원이 지급명령신청서 각하명령을 하기 전까지는 소제기신청을 할 수 있습니다. 주소보정명령이 송달되기에도 소제기신청을 할 수 있습니다.

제2장 지급명령에 대한 이의신청

지급명령을 송달받은 채무자는 2주일(14일) 이내에 서면으로 지급명령을 발한 그 법원에 이의신청을 할 수 있습니다. 지급명령은 채무자의 이의신청이 있으면 그 이의신청범위 내에서 실효되고 바로 통상의 소송으로 바뀌게 됩니다.

법원은 이의신청기간의 도과 등으로 이의신청이 부적법하다고 인정한 때에는 결정으로 이의신청을 각하하여야 합니다. 이의신청에 대한 각하결정은 이의신청인과 상대방에게 고지하여야 하며 이에 대하여 이의신청인은 즉시항고를 할 수 있습니다.

각하결정이 확정되면 당초부터 이의신청이 없었던 것으로 됩니다. 이의신청을 각하하는 경우 외에는 지급명령은 이의의 범위 안에서 효력을 잃게 되고 독촉절차는 당연히 통상소송절차로 이행하게 되어 지급명령신청 당시로 돌아가 소를 제기한 것으로 봅니다. 독촉법원은 채권자에게 인지보정명령을 하는데 이때 지급명령신청 시의 청구금액을 소송목적의 값(소가)으로 하여 인지액을 계산함이 원칙이나 채권자가 지급명령을 신청하면서 납부한 인지대의 10분의1을 제외한 10분의9에 해당하는 인지를 보정하여야 하고 송달요금은 소액사건의 경우 원고1인, 피고1인을 기준으로 하여 각 10회분씩 총 20회분 금 104,000원의 송달료를 예납하여야 하고 단독사건이나 합의사건의 경우 원고1인, 피고1인을 기준으로 하여 각 15회분씩 총 30회분 금 156,000원의 송달요금을 예납하고 그 납부서를 보정하여야 합니다. 보정을 하지 않는 경우 지급명령신청은 각하됩니다.

채권자가 인지 또는 송달료를 보정하지 아니하는 경우에는 지급명령신청서를 각하하여야 하고 채권자가 인지를 보정하면 독촉법원의 법원사무관 등은 바로 소송기록을 관할법원에 보내야 합니다. 채무자의 이의신청이 있으면 독촉법원의 법원사무관 등은 기록을 본안의 관할법원으로 송부하여야 합니다.

제3장 지급명령의 확정

지급명령에 대하여 소정기간 2주일(14일) 안에 이의신청이 없거나 이의신청이 있더라도 이의신청이 적법하게 취하되거나 이의신청이 부적법하여 각하결정이 확정된 때에는 지급명령은 확정됩니다.

확정된 지급명령은 확정판결과 같은 효력이 있으므로 단기소멸시효 채권이라도 지급명령에 의하여 확정되면 소멸시효는 다시 10년으로 연장됩니다. 그러나 기판력은 인정되지 않으므로 준재심의 대상이 되지 않습니다. 확정된 지급명령에 기한 강제집행은 집행문을 부여받을 필요 없이 지급명령 정본에 의하여 행하므로 채권자는 별도로 지급명령의 송달증명 이나 확정증명을 받을 필요 없이 송달일자와 확정일자를 기재하여 작성된 지급명령 정본에 기초하여 바로 강제집행을 신청할 수 있습니다.

그러므로 지급명령이 확정되면 법원에서 지급명령정본의 채무자 이름 옆으로 지급명령이 송달된 송달일자와 지급명령이 확정된 확정일자를 기재하여 정본을 전산출력하여 채권자에게 발송하므로 법원으로부터 지급명령정본을 송달받은 채권자는 바로 채무자의 재산에 강제집행을 실시할 수 있는 집행권원이 되기 때문에 이로써 지급명령신청사건은 모두 종료됩니다.

제4장 공시송달에 의한 지급명령

채권자가 은행법에 따른 은행 등인 경우에는 대출계약서 소명은 확실한데 채무자의 파악이 되는 경우 설질적인 재판이 불가능한 문제가 있습니다. 그래서 2014. 10. 15.자로 개정된 소송촉진 등에 관한 특례법에서는 이런 사건들에 대해서 공시송달에 의한 지급명령을 허용하였습니다.

주요내용은 은행법에 따른 은행 금융권채권자가 업무 또는 사업으로 취득하여 행사하는 대여금, 구상금, 보증금, 양수금 채권에 대하여 지급명령을 신청하는 경우로서 청구원인을 소명한 경우 공시송달을 명령할 있도록 하였고 공시송달을 통하여 지급명령이 확정된 채무자는 이의신청기간이 경과한 경우에도 '당사자가 책임질 수 없는 사유'로 이의신청을 하지 못한 것으로 보아 이의신청의 추후보완이 가능하도록 하여 채무자의 1심 재판에서의 변론기회를 보장하였습니다.

가. 적용요건

채권자의 임장에서는 소송촉진 등에 관한 특례법 제20조의2 제1항 및 특례규칙 제17조의2는 공시송달에 의한 지급명령을 할 수 있는 채권자로서 은행법에 따른 은행 등 금융기관을 규정하고 있습니다.

채권은 위와 같이 해당하는 채권자가 그 업무 또는 사업으로 취득하여 행사하는 대여금, 구상금, 보증금 및 양수금 채권이어야 합니다.(소촉 제20조의2 제1항). 신용카드사는 여신전문금융업법에 따른 여신전문금융회사에 해당하고 신용카드거래(물품구입. 현금서비스)인하여 신용카드사는 신용카드회원에 대하여 대출금채권을 가지는 것이므로 신용카드이용대금사건도 공시송달에 의한 지급명령이 가능합니다. 주의할 점은 공시송달대상 사건에 해당하는지를 사건명 등에 의하여 일률적으로 판단할 것이 아니라 만약 이에 해당하는지가 불분명 경우에는 개별 사건의 청구원인 등을 살펴 법률상요건을 충족하는지 판단하여야 합니다.

위와 같이 해당하는 채권자가 이러한 채권에 대한 지급명령을 공시송달에 의하지 않고는 지급명령을 채무자에게 송달할 없는 경우이어야 합니다.(소촉 제20조의2 제1항)

청구원인 측면에서 보면 위 금융권 채권자가 주소보정명령을 받은 보정의 한 방법으로 공시송달을 신청하는 경우에는 청구원인을 소명하여야 합니다(소촉 제20조의2 제2항). 공시송달 대상사건을 금융권이 제기한 정형적 금전지급청구사건으로 한정한 이유의 하나는 대부분이 처분문서에 의하여 청구원인이 비교적 객관적으로 소명되기 때문입니다.

금융권 채권자가 청구원인에 대한 소명자료를 첨부하지 않은 경우 지급명령신청을 곧바로 각하하기 보다는 먼저 보정명령을 통하여 소명의 기회를 제공한 후 이에 불응하면 그때 지급명령신청을 각하함이 타당합니다. 청구원인이 소명되지 않은 때에는 사법보좌관은 결정으로 지급명령신청 자체를 각하하여 하고 청구의 일부에 대하여 소명되지 않은 때에 일부에 대하여도 신청을 각하하여야 합니다.(소촉 제20조의2 제3항). 이는 일반독촉절차에서 청구원인에 대한 채권자의 소명을 요구하지 않고 채권자의 주장만을 근거로 지급명령을 발하는 것과 차이가 있습니다. 각하결정에 대하여는 불복할 수 없습니다.(소촉 제20조의2 제4항).

나. 공시송달에 의한 지급명령에 대한 채무자의 구제방법

지급명령이 공시송달의 방법으로 송달되어 채무자가 이의신청의 기간을 지킬 수 없었던 경우에는 민사소송법 제173조 제1항에서 정한 소송행위의 추후보정사유가 있는 것으로 보아 이의신청의 추후보완이 가능하도록 하였습니다.(소촉 제20조의2 제5항).

제5장 지급명령(독촉)신청 방법

인터넷에서 지급명령을 신청하려면 대한민국 법원 전자소송 사이트에 접속하여야 합니다.

1. 인터넷에서 지급명령을 신청하기 위해서는 회원가입을 해야 하는데 인증 수단으로 공동 인증서가 필요합니다.

2. 대법원 전자소송 사이트에 접속하시면 전자소송 화면에서 제출서류를 클릭하시면 좌측 하단으로 지급명령(독촉)신청을 클릭하고 들어가시면 전자소송 동의하는 내용이 있습니다. 동의를 하시면 법원에 제출하는 서류를 전자소송 시스템을 통해 전자문서로 제출하여야 합니다.

3. 사건명, 소가, 청구금액을 입력하셔야 합니다.
   통상적으로 빌려 준 돈을 청구하는 것을 대여금(빌려 준 돈)에 해당합니다. 소송목적의 값(소가)은 청구금액(원금)이라고 이해하시면 됩니다. 청구금액도 소가와 동일하게 기재하시면 됩니다.

4. 관할법원은 지급명령은 채무자의 주소지를 관할하는 법원으로 하는 것이 원칙이지만 대여금이나 대금에 대해서는 민사소송법 제8조에 따른 의무이행지 법원이 관할법원으로 추가됨에 따라 채권자의 주소지를 관할하는 지방법원이나 지원, 시법원이나 군법원을 선택하시면 됩니다. 채무자의 이의신청이 있는 경우 법원에 출석하여 재판이 이루어질 수 있으므로 관할법원은 채권자가 유리한 곳으로 선택해 지급명령을 신청하는 것이 좋습니다.

5. 당사자 채권자의 정보를 입력하여야 합니다.

6. 당사자 채무자의 정보를 입력하여야 합니다.
   여기서 더 중요한 것은 채무자의 주민등록번호를 빠짐없이 잘 기재하여야 합니다.

전자소송으로 지급명령을 신청하기 위해서는 채무자의 주민등록번호를 알아야 신청할 수 있습니다. 지급명령이 채무자에게 송달되지 않을 경우 주민등록번호가 기재되어 있으면 주소보정명령에 채무자의 주민등록번호가 기재되어 있는 경우 가까운 주민 센터에서 채무자의 주민등록초본을 발급받아 주소를 보정할 수 있습니다.
주민등록번호를 모르면 주소를 보정할 수 없습니다.

7. 청구취지 주문과 청구취지는 전자소송에 작성 예시가 나와 있습니다. 이것을 참조하여 작성하시면 됩니다. 예컨대 채권자가 채무자에게 돈 5,000만 원을 빌려 준 경우 청구취지는 아래와 같이 작성하시면 됩니다.

   (1) 금 50,000,000원정.

   (2) 위 제1항의 금액에 대하여 이 사건 지급명령 정본이 송달된 다음날부터 다 갚는 날까지 연 1`2%의 비용에 의한 지연손해금.

      1. 금 15,000,000원
      2. 위 1항의 금액에 대하여 ○○○○. ○○. ○○.부터 지급명령결정정본 송달일까지는 연 5%의, 그 다음날부터 다 갚는 날까지 연 12%의 비율에 의한 금원.
      3. 독촉절차 비용 69,600원(내역 : 송달료 62,400원, 인지대 7,200원)

      약정이자가 있다면 지급하기로 한 날부터 지급명령 정본이 송달된 날까지는 연 5%를 기재하시면 됩니다.

8. 청구원인도 전자소송에 예시가 있는데 잘 읽어보고 채권자에게 맞게 작성하시면 됩니다.

청구원인

1. 채권자는 ○○○○. ○○. ○○. 채무자의 간곡한 요청에 의하여 채무자의 거래은행 계좌번호 신한은행 ○○○-○○-○○○○○○으로 2회에 걸쳐 15,000, 000원을 송금하여 대여하였으나 변제하기로 한 지급기일이 훨씬

지나도록 이를 변제하지 않고 있습니다.

2. 따라서 채권자는 채무자로부터 위 대여금 15,000,000원 및 이에 대한 ○○○○. ○○. ○○.부터 이 사건 지급명령결정정본을 송달받은 날까지는 연 5%의, 그 다음날부터 다 갚는 날까지는 소송촉진 등에 관한 특례법에서 정한 연 12%의 각 비율에 의한 이자, 지연손해금 및 독촉절차비용을 합한 금액의 지급을 받기 위하여 이 사건 신청에 이르렀습니다.

- 끝 -

9. 첨부서류는 예컨대 차용증, 임대차계약서, 내용증명서, 계좌이체 내역서 등을 첨부하시면 됩니다.

10. 마지막으로 작성된 문서와 첨부서류를 확인하고 소송비용을 납부하고 신청하시면 됩니다.

최신서식

(1) 지급명령신청서 - 대여금 300만 원 청구 원리금을 지급하지 않아 원금과 약정이자를 함께 청구하는 지급명령신청서 최신서식 ·············· 29

(2) 지급명령신청서 - 권리금반환 청구 점포에 대한 임대차기간 전에 명도되어 권리금의 반환을 청구하는 지급명령신청서 최신서식 ············ 35

(3) 지급명령신청서 - 구상금 청구 보증인으로 대위변제한 금액의 지급을 청구하는 구상금 청구 지급명령신청서 최신서식 ·············· 43

(4) 지급명령신청서 - 대여금 청구 보증인을 세우고 대여하였는데 변제하지 않아 채무자와 보증인에게 이자까지 청구하는 지급명령신청서 최신서식 50

(5) 지급명령신청서 - 가맹점 보증금반환 청구 가맹점계약해제 후에 보증금을 반환하지 않고 있어 청구하는 지급명령신청서 최신서식 ············ 59

(6) 지급명령신청서 - 공사대금 청구 공사대금 300만 원 소액을 지급하지 않아 청구하는 공사대금청구 지급명령신청서 최신서식 ·············· 67

(7) 지급명령신청서 - 체불임금 청구 근로자가 사업주에게 체불임금을 정산하여 청구하고 지급을 구하는 지급명령신청서 최신서식 ·············· 73

(8) 지급명령신청서 - 착수금반환 청구 제작의뢰 한 작업을 전혀 하지 않아 착수금의 반환을 청구하는 지급명령신청서 최신서식 ············ 81

(9) 지급명령신청서 - 물품대금 청구 제조생산 한 물품을 판매하였으나 대금을 지급하지 않아 청구하는 지급명령신청서 최신서식 ·············· 88

(10) 지급명령신청서 - 공사대금 청구 공사를 완료하고 인도하였으나 공사비 잔액을 지급하지 않아 청구하는 지급명령신청서 최신서식 ············ 95

(11) 지급명령신청서 - 대여금 청구 원금과 이자를 지급하지 않아 원리금과 약정이자를 모두 지급을 구하는 지급명령신청서 최신서식 ·················· 101

(12) 지급명령신청서 - 용역비 청구 용역비를 지급하지 않고 있어 내용증명을 발송하고 그 지급을 청구하는 지급명령신청서 최신서식 ······················ 108

(13) 지급명령신청서 - 월세보증금반환 청구 오피스텔 월세보증금을 반환하지 않고 있어 지급을 청구하는 지급명령신청서 최신서식 ························· 115

(14) 지급명령신청서 - 대여금 청구 200만 원을 빌려가고 차일피일 지체하며 지급하지 않고 있어 지급을 구하는 지급명령신청서 최신서식 ············· 122

(15) 지급명령신청서 - 공사대금 청구 설치공사대금 100만 원을 차일치일 지체하며 지급하지 않아 청구하는 지급명령신청서 최신서식 ··················· 128

(16) 지급명령신청서 - 공사대금 청구 공사대금 잔액 500만 원을 차일피일 지체하면서 지급하지 않아 청구하는 지급명령신청서 최신서식 ················ 134

(17) 지급명령신청서 - 월세보증금반환 청구 월세보증금 1,000만 원을 차일피일 지체하며 지급하지 않아 청구하는 지급명령신청서 최신서식 ·········· 140

(18) 지급명령신청서 - 물품대금 청구 농산물을 판매하였으나 잔액을 차일피일 지체하며 지급하지 않아 청구하는 지급명령신청서 최신서식 ·········· 147

(19) 지급명령신청서 - 대여금 청구 1,000만 원 차용증 쓰고 빌려준 돈을 차일피일 지체하며 갚지 않아 청구하는 지급명령신청서 최신서식 ·········· 153

(20) 지급명령신청서 - 임대차보증금반환 청구 보증금을 차일피일 지체하면서 반환하지 않고 있어 청구하는 지급명령신청서 최신서식 ······················ 159

(21) 특별송달신청서 - 우편집배원 송달을 하였으나 채무자가 야간이나 공휴일에 주소지에 거주하여 집행관으로 하여금 송달하는 특별송달신청서 최신서식 ·· 166

(22) 보충송달신청서 - 채무자의 주소지로 송달이 되지 않아 채무자가 근무하는 장소에서 고용인에게 지급명령을 송달하기 위한 보충송달신청서 최신서식 ·· 169

(23) 조우송달신청서 - 지급명령을 채무자 주소지로 송달할 수 없어 채무자가 수사기관에 출석하면 그 장소에서 송달하는 조우송달신청서 최신서식 173

제6장 지급명령(독촉)신청서 최신서식

(1) 지급명령신청서 - 대여금 300만 원 청구 원리금을 지급하지 않아 원금과 약정 이자를 함께 청구하는 지급명령신청서 최신서식

지 급 명 령 신 청 서

채 권 자 : ○ ○ ○

채 무 자 : ○ ○ ○

소송물 가액금	금 3,000,000 원
첨부할 인지액	금 1,500 원
첨부한 인지액	금 1,500 원
납부한 송달료	금 62,400 원
비 고	

순천지원 고흥군법원 귀중

지 급 명 령 신 청 서

1. 채권자

성 명	○ ○ ○	주민등록번호	생략
주 소	전라남도 고흥군 대서면 동서로 ○○, ○○○호		
직 업	상업	사무실 주 소	생략
전 화	(휴대폰) 010 - 6789 - 0000		
기타사항	이 사건 채권자입니다.		

2. 채무자

성 명	○ ○ ○	주민등록번호	생략
주 소	전라남도 고흥군 대서면 동서로 ○○, ○○○-○○○호		
직 업	상업	사무실 주 소	생략
전 화	(휴대폰) 010 - 3256 - 0000		
기타사항	이 사건 채무자입니다.		

3. 대여금 청구의 독촉사건

신 청 취 지

채무자는 채권자에게 아래의 청구금액 및 독촉절차비용을 지급하라.
라는 지급명령을 구합니다..

1. 금 3,000,000원

2. 위 1항의 금액에 대하여 ○○○○. ○○. ○○.부터 지급명령결정정본아 송달된 날까지는 연 18%의, 그 다음날부터 다 갚는 날까지 연 12%의 비율에 의한 금원.

3. 독촉절차 비용 63,900원(내역 : 송달료 62,400원, 인지대 1,500원)

신 청 이 유

1. 채권자는 ○○○○. ○○. ○○. 채무자의 간곡한 요청에 의하여 채무자로부터 현금보관증을 교부받고 금 3,000,000원을 변제기일은 ○○○○. ○○. ○○.까지 이자는 월 1.5%를 지급받기로 하고 빌려준 사실이 있습니다.

2. 채무자는 위 대여금에 대한 지급기일이 훨씬 지나도록 조금만 기다려 달라면서 차일피일 미루기만 하고 현재에 이르기까지 위 대여금을 지급하지 않고 있습니다.

3. 따라서 채권자는 채무자로부터 위 대여금 3,000,000원 및 이에 대한 ○○○○. ○○. ○○.부터 이 사건 지급명령결정정본을 송달 받은 날까지는 약정한 이자인 연 18%(계산의 편의상 월 1.5%를 연단위로 환산하였습니다)의, 그 다음날부터 다 갚는 날까지는 소송촉진 등에 관한 특례법에서 정한 연 12%의 각 비율에 의한 지연손해금 및 독촉절차비용을 합한 금액의 지급을 받기 위하여 이 사건 신청에 이르렀습니다.

소명자료 및 첨부서류

1. 소 갑제1호증   현금보관증

○○○○ 년 ○○ 월 ○○ 일

위 채권자 : ○○○(인)

순천지원 고흥군법원 귀중

당 사 자 표 시

1. 채권자

성 명	○ ○ ○	주민등록번호	생략
주 소	전라남도 고흥군 대서면 동서로 ○○, ○○○호		
직 업	상업	사무실 주 소	생략
전 화	(휴대폰) 010 - 6789 - 0000		
기타사항	이 사건 채권자입니다.		

2. 채무자

성 명	○ ○ ○	주민등록번호	생략
주 소	전라남도 고흥군 대서면 동서로 ○○, ○○○-○○○호		
직 업	상업	사무실 주 소	생략
전 화	(휴대폰) 010 - 3256 - 0000		
기타사항	이 사건 채무자입니다.		

3. 대여금 청구의 독촉사건

신 청 취 지

채무자는 채권자에게 아래의 청구금액 및 독촉절차비용을 지급하라.

라는 지급명령을 구합니다.

1. 금 3,000,000원

2. 위 1항의 금액에 대하여 ○○○○. ○○. ○○.부터 지급명령결정정본이 송달된 날까지는 연 18%의, 그 다음날부터 다 갚는 날까지 연 12%의 비율에 의한 금원.

3. 독촉절차 비용 63,900원(내역 : 송달료 62,400원, 인지대 1,500원)

신 청 이 유

1. 채권자는 ○○○○. ○○. ○○. 채무자의 간곡한 요청에 의하여 채무자로부터 현금보관증을 교부받고 금 3,000,000원을 변제기일은 ○○○○. ○○. ○○.까지 이자는 월 1.5%를 지급받기로 하고 빌려준 사실이 있습니다.

2. 채무자는 위 대여금에 대한 지급기일이 훨씬 지나도록 조금만 기다려 달라면서 차일피일 미루기만 하고 현재에 이르기까지 위 대여금을 지급하지 않고 있습니다.

3. 따라서 채권자는 채무자로부터 위 대여금 3,000,000원 및 이에 대한 ○○○○. ○○. ○○.부터 이 사건 지급명령결정정본을 송달 받은 날까지는 약정한 이자인 연 18%(계산의 편의상 월 1.5%를 연단위로 환산하였습니다)의, 그 다음날부터 다 갚는 날까지는 소송촉진 등에 관한 특례법에서 정한 연 12%의 각 비율에 의한 지연손해금 및 독촉절차비용을 합한 금액의 지급을 받기 위하여 이 사건 신청에 이르렀습니다.

- 끝 -

(2) 지급명령신청서 - 권리금반환 청구 점포에 대한 임대차기간 전에 명도되어 권리금의 반환을 청구하는 지급명령신청서 최신서식

지 급 명 령 신 청 서

채 권 자 : ○ ○ ○

채 무 자 : ○ ○ ○

소송물 가액금	금	15,000,000원
첨부할 인지액	금	7,200원
첨부한 인지액	금	7,200원
납부한 송달료	금	62,400원
비 고		

안산지원 광명시법원 귀중

지급명령신청서

1. 채권자

성 명	○ ○ ○	주민등록번호	생략
주 소	경기도 광명시 ○○로길 ○○, ○○○-○○○○호		
직 업	상업	사무실 주소	생략
전 화	(휴대폰) 010 - 3456 - 0000		
기타사항	이 사건 채권자입니다.		

2. 채무자

성 명	○ ○ ○	주민등록번호	생략
주 소	경기도 광명시 ○○로 ○○○, ○○○-○○호		
직 업	상업	사무실 주소	생략
전 화	(휴대폰) 010 - 5643 - 0000		
기타사항	이 사건 채무자입니다.		

3. 권리금반환 청구의 독촉사건

신 청 취 지

채무자는 채권자에게 금 15,000,000원 및 이에 대한 ○○○○. ○○. ○○.부터 이 사건 지급명령결정 정본이 송달된 날까지는 연 5%의, 그 다음날부터 다 갚는 날까지는 연 12%의 각 비율에 의한 금액 및 아래 독촉절차비용을 합한 금액을 지급하라는 지급명령을 구합니다.

- 아 래 -

금   69,600 원   독촉절차비용

- 내 역 -

금   7,200 원   수입인지대

금   62,400 원   송달료

신 청 이 유

1. 채권자는 ○○○○. ○○. ○○. 채무자와 경기도 광명시 ○○로 2길 ○○,에 소재한 건물의 점포 330㎡에 대하여 임대차보증금 250,000,000원, 임대차기간 3년, 권리금 45,000,000원으로 하는 임대차계약을 체결하고, 위 임대차보증금 및 권리금을 지급하고 위 점포를 인도 받았습니다.

2. 그런데 채무자는 위 임대차계약기간이 1년이나 남아 있는 상태에서 위 건물을 소외 ○○○에게 매도하고 소유권이전등기까지 마쳐주었으며, 소외 ○○○는 채권자에게 위 점포의 명도를 요구하여 채권자는 어쩔 수 없이 위 점포를 소외 ○○○에게 명도 하였습니다. 그럼에도 불구하고 채무자는 채권자에게 위 임대차보증금 250,000,000원만을 반환하고 위 권리금은 단 한 푼도 반환하지 못하겠다고 합니다.

3. 그러나 채권자와 채무자 소유의 위 점포에 대한 임대차계약은 채무자가 위 건물을 소외 ○○○에게 매도함으로써 중도에 해지되어 채권자는 보장된 임대차계약기간 3년 중 1년간은 위 점포를 사용하지 못하게 되었으므로, 채무자는 채권자에게 위 권리금을 반환하여야 마땅하고, 그 반환하여야 하는 권리금의 범위는 채권자가 채무자에게 지급한 권리금을 경과기간(2년)과 잔존기간(1년)에 대응하는 것으로 나누어 잔존기간에 대응하는 부분을 반환하여야 마땅할 것입니다.

4. 따라서 채권자는 채무자로부터 잔존기간에 대응하는 권리금 15,000,000원(45,000,000원×1/3) 및 이에 대하여 원고가 위 점포를 명도 한 다음날인 ○○○○. ○○. ○○.부터 이 사건 지급명령정본 송달일까지는 민법에서 정한 연 5%의, 그 다음날부터 다 갚을 때까지는 소송촉진 등에 관한 특례법에서 정한 연 12%의 각 비율에 지연손해금을 지급 받고자 이 사건 지급명령신청에 이르게 된 것입니다.

소 명 자 료 및 첨 부 서 류

1. 소 갑제1호증   임대차계약서

1. 소 갑제2호증   등기사항전부증명서

1. 송달료납부서

○○○○ 년 ○○ 월 ○○ 일

위 채권자 : ○○○(인)

안산지원 광명시법원 귀중

당 사 자 표 시

1. 채권자

성 명	○ ○ ○	주민등록번호	생략
주 소	경기도 광명시 ○○로길 ○○, ○○○-○○○○호		
직 업	상업	사무실 주소	생략
전 화	(휴대폰) 010 - 3456 - 0000		
기타사항	이 사건 채권자입니다.		

2. 채무자

성 명	○ ○ ○	주민등록번호	생략
주 소	경기도 광명시 ○○로 ○○○, ○○○-○○호		
직 업	상업	사무실 주소	생략
전 화	(휴대폰) 010 - 5643 - 0000		
기타사항	이 사건 채무자입니다.		

3. 권리금반환 청구의 독촉사건

신 청 취 지

채무자는 채권자에게 금 15,000,000원 및 이에 대한 ○○○○. ○○. ○○.부터 이 사건 지급명령결정 정본이 송달된 날까지는 연 5%의, 그 다음날부터 다 갚는 날까지는 연 12%의 각 비율에 의한 금액 및 아래 독촉절차비용을 합한 금액을 지급하라는 지급명령을 구합니다.

- 아 래 -

금　　69,600 원　　　　　독촉절차비용

- 내 역 -

금　　 7,200 원　　　　　수입인지대
금　　62,400 원　　　　　송달료

신 청 이 유

1. 채권자는 ○○○○. ○○. ○○. 채무자와 경기도 광명시 ○○로 2길 ○○,에 소재한 건물의 점포 330㎡에 대하여 임대차보증금 250,000,000원, 임대차기간 3년, 권리금 45,000,000원으로 하는 임대차계약을 체결하고, 위 임대차보증금 및 권리금을 지급하고 위 점포를 인도 받았습니다.

2. 그런데 채무자는 위 임대차계약기간이 1년이나 남아 있는 상태에서 위 건물을 소외 ○○○에게 매도하고 소유권이전등기까지 마쳐주었으며, 소외 ○○○는 채권자에게 위 점포의 명도를 요구하여 채권자는 어쩔 수 없이 위 점포를 소외 ○○○에게 명도 하였습니다. 그럼에도 불구하고 채무자는 채권자에게 위 임대차보증금 250,000,000원만을 반환하고위 권리금은 단 한 푼도 반환하지 못하겠다고 합니다.

3. 그러나 채권자와 채무자 소유의 위 점포에 대한 임대차계약은 채무자가 위 건물을 소외 ○○○에게 매도함으로써 중도에 해지되어 채권자는 보장된 임대차계약기간 3년 중 1년간은 위 점포를 사용하지 못하게 되었으므로, 채무자는 채권자에게 위 권리금을 반환하여야 마땅하고, 그 반환하여야 하는 권리금의 범위는 채권자가 채무자에게 지급한 권리금을 경과기간(2년)과 잔존기간(1년)에 대응하는 것으로 나누어 잔존기간에 대응하는 부분을 반환하여야 마땅할 것입니다.

4. 따라서 채권자는 채무자로부터 잔존기간에 대응하는 권리금 15,000,000원(45,000,000원×1/3) 및 이에 대하여 원고가 위 점포를 명도 한 다음날인 ○○○○. ○○. ○○.부터 이 사건 지급명령정본 송달일까지는 민법에서 정한 연 5%의, 그 다음날부터 다 갚을 때까지는 소송촉진 등에 관한 특례법에서 정한 연 12%의 각 비율에 지연손해금을 지급 받고자 이 사건 지급명령신청에 이르게 된 것입니다.

- 끝 -

(3) 지급명령신청서 - 구상금 청구 보증인으로 대위변제한 금액의 지급을 청구하는 구상금 청구 지급명령신청서 최신서식

지 급 명 령 신 청 서

채 권 자 : ○ ○ ○

채 무 자 : ○ ○ ○

소송물 가액금	금	23,000,000원
첨부할 인지액	금	10,800원
첨부한 인지액	금	10.800원
납부한 송달료	금	62,400 원
비 고		

서산지원 당진시법원 귀중

지 급 명 령 신 청 서

1. 채권자

성 명	○ ○ ○	주민등록번호	생략
주 소	충청남도 당진시 ○○로길 ○○, ○○○-○○○호		
직 업	상업	사무실 주소	생략
전 화	(휴대폰) 010 - 8799 - 0000		
기타사항	이 사건 채권자입니다.		

2. 채무자

성 명	○ ○ ○	주민등록번호	생략
주 소	충청남도 당진시 ○○로 ○○○, ○○○-○○호		
직 업	상업	사무실 주소	생략
전 화	(휴대폰) 010 - 3567 - 0000		
기타사항	이 사건 채무자입니다.		

3. 구상금 청구의 독촉사건

신 청 취 지

1. 금 23,000,000원.

2. 위 1항 금액에 대하여 ○○○○. ○○. ○○부터 이 사건 지급명령정본이 송달된 날까지는 연 5%의, 그 다음날부터 다 갚는 날까지는 연 12%의 비율에 의한 금원.

3. 독촉절차 비용 73,200원(내역 : 송달료 62,400원, 인지대 10,800원)

신 청 이 유

1. 기초사실

 채권자는 ○○○○. ○○. ○○.채무자의 부탁으로 채무자가 신청 외 ○○○로부터 금 23,000,000원을 차용하는데 보증을 선 사실이 있습니다(소갑 제1호증 보증계약서 참조).

2. 채권자의 대위변제

 가. 채권자인 신청 외 ○○○는 보증인인 채권자에게 ○○○○. ○○. ○○.까지 위 대여금 및 이자를 변제를 하지 않으면 압류를 하겠다는 압류절차개시통지를 하고(소갑 제2호증 압류절차개시통고서 참조), 채무자에게 위 돈의 조속한 지급을 최고하였습니다(소갑 제3호증 최고서 참조).

 나. 그러나 채무자는 위 돈을 변제하지 못하였으며, 채권자는 부득이 압류를 피하기 위하여 ○○○○. ○○. ○○. 금 23,000,000원을 대위변제하고 채권자인 신청 외 ○○○로부터 대위변제확인서를 교부받았습니다.(소갑 제4호증 대위변제확인서 참조)

3. 결론

채권자는 그 뒤 채무자에게 위 돈의 상환을 구하였으나 채무자는 아무런 정당한 이유도 없이 불응하므로, 채권자는 위 금 23,000,000원 및 이에 대한 대위변제 다음날인 ○○○○. ○○. ○○.부터 이 사건 지급명령결정정본 송달 일까지는 민법에서 정한 연 5%의, 그 다음날부터 다 갚을 때까지는 소송촉진 등에 관한 특례법에서 정한 연 12%의 각 비율에 의한 지연손해금을 지급 받기 위하여 이 사건 신청에 이른 것입니다.

소 명 자 료 및 첨 부 서 류

1. 소갑 제1호증   보증계약서

1. 소갑 제2호증   압류절차개시통고서

1. 소갑 제3호증   대위변제확인서

○○○○ 년 ○○ 월 ○○ 일

위 채권자 : ○○○(인)

서산지원 당진시법원 귀중

당 사 자 표 시

1. 채권자

성 명	○ ○ ○	주민등록번호	생략
주 소	충청남도 당진시 ○○로길 ○○, ○○○-○○○호		
직 업	상업	사무실 주 소	생략
전 화	(휴대폰) 010 - 8799 - 0000		
기타사항	이 사건 채권자입니다.		

2. 채무자

성 명	○ ○ ○	주민등록번호	생략
주 소	충청남도 당진시 ○○로 ○○○, ○○○-○○호		
직 업	상업	사무실 주 소	생략
전 화	(휴대폰) 010 - 3567 - 0000		
기타사항	이 사건 채무자입니다.		

3. 구상금 청구의 독촉사건

신 청 취 지

1. 금 23,000,000원.

2. 위 1항 금액에 대하여 ○○○○. ○○. ○○.부터 이 사건 지급명령정본이 송달된 날까지는 연 5%의, 그 다음날부터 다 갚는 날까지는 연 12%의 비율에 의한 금원.

3. 독촉절차 비용 73,200원(내역 : 송달료 62,400원, 인지대 10,800원)

신 청 이 유

1. 기초사실

   채권자는 ○○○○. ○○. ○○.채무자의 부탁으로 채무자가 신청 외 ○○○로부터 금 23,000,000원을 차용하는데 보증을 선 사실이 있습니다(소갑 제1호증 보증계약서 참조).

2. 채권자의 대위변제

   가. 채권자인 신청 외 ○○○는 보증인인 채권자에게 ○○○○. ○○. ○○.까지 위 대여금 및 이자를 변제를 하지 않으면 압류를 하겠다는 압류절차개시통지를 하고(소갑 제2호증 압류절차개시통고서 참조), 채무자에게 위 돈의 조속한 지급을 최고하였습니다(소갑 제3호증 최고서 참조).

   나. 그러나 채무자는 위 돈을 변제하지 못하였으며, 채권자는 부득이 압류를 피하기 위하여 ○○○○. ○○. ○○. 금 23,000,000원을 대위변제하고 채권자인 신청 외 ○○○로부터 대위변제확인서를 교부받았습니다.(소갑 제4호증 대위변제확인서 참조)

3. 결론

채권자는 그 뒤 채무자에게 위 돈의 상환을 구하였으나 채무자는 아무런 정당한 이유도 없이 불응하므로, 채권자는 위 금 23,000,000원 및 이에 대한 대위변제 다음날인 ○○○○. ○○. ○○.부터 이 사건 지급명령결정정본 송달 일까지는 민법에서 정한 연 5%의, 그 다음날부터 다 갚을 때까지는 소송촉진 등에 관한 특례법에서 정한 연 12%의 각 비율에 의한 지연손해금을 지급 받기 위하여 이 사건 신청에 이른 것입니다.

- 끝 -

(4) 지급명령신청서 - 대여금 청구 보증인을 세우고 대여하였는데 변제하지 않아 채무자와 보증인에게 이자까지 청구하는 지급명령신청서 최신서식

지 급 명 령 신 청 서

채 권 자 : ○ ○ ○

채 무 자 : ○ ○ ○ 외1

소송물 가액금	금	15,000,000원
첨부할 인지액	금	7,200원
첨부한 인지액	금	7,200원
납부한 송달료	금	93,600원
비 고		

통영지원 거제시법원 귀중

지급명령신청서

1. 채권자

성　　명	○ ○ ○	주민등록번호	생략
주　　소	경상남도 거제시 ○○로길 ○○, ○○○-○○○호		
직　　업	상업	사무실 주　소	생략
전　　화	(휴대폰) 010 - 8799 - 0000		
기타사항	이 사건 채권자입니다.		

2. 채무자1

성　　명	○ ○ ○	주민등록번호	생략
주　　소	경상남도 거제시 ○○로 ○○○, ○○○호		
직　　업	무지	사무실 주　소	생략
전　　화	(휴대폰) 010 - 4590 - 0000		
기타사항	이 사건 채무자1입니다.		

채무자2

성 명	○ ○ ○	주민등록번호	생략
주 소	경상남도 통영시 ○○로 ○○○, ○○○-○○호		
직 업	상업	사무실 주 소	생략
전 화	(휴대폰) 010 - 3789 - 0000		
기타사항	이 사건 채무자2입니다.		

3. 대여금 청구의 독촉사건

신 청 취 지

채무자1은 채권자에게 금 8,000,000원 및 이에 대한 ○○○○. ○○. ○○.부터 이 사건 지급명령결정 정본이 송달된 날까지는 연 5%의, 그 다음날부터 다 갚는 날까지는 연 12%의 각 비율에 의한 금원. 채무자1, 채무자2는 금 7,000,000원 및 이에 대한 ○○○○. ○○. ○○.부터 지급명령 정본이 송달된 날까지는 연 5%의, 그다음 날부터 다 갚는 날까지는 연 12%의 각 비율에 의한 금원 및 아래 독촉절차비용을 합한 금액을 지급하라는 지급명령을 구합니다.

- 아 래 -

금 100,800 원   독촉절차비용

- 내 역 -

금   7,200 원   수입인지대

금   93,600 원   송달료

신 청 이 유

1. 채무자1은 채권자로부터 ○○○○. ○○. ○○. 금 8,000,000원을 차용하면서 ○○○○. ○○. ○○.까지 변제하기로 약정하는 현금보관증을 작성하여 채권자에게 교부한바 있었는바, 변제기일이 도과한 후 현재까지 이를 지급하지 않고 있습니다.

2. 또한 채무자1은 채무자2의 보증아래 ○○○○. ○○. ○○. 채권자로부터 금 7,000,000원을 차용하고, ○○○○. ○○. ○○.까지 지급하기로 하는 각서를 발행하여 채권자에게 교부한 사실이 있음에도 불구하고 변제기일이 도과한 후 현재에 이르기까지 이를 변제하지 않고 있습니다.

3. 따라서 채권자는 채무자들에게 신청취지와 같은 지급명령을 구하고자 지급명령 신청에 이른 것입니다.

소 명 자 료 및 첨 부 서 류

1. 소 갑제1호증   차용증

1. 소 갑제2호증   지불각서

1. 송달료납부서

○○○○ 년 ○○ 월 ○○ 일

위 채권자 :   ○○○(인)

통영지원 거제시법원 귀중

당 사 자 표 시

1. 채권자

성 명	○ ○ ○		주민등록번호	생략
주 소	경상남도 거제시 ○○로길 ○○, ○○○-○○○호			
직 업	상업	사무실 주 소	생략	
전 화	(휴대폰) 010 - 8799 - 0000			
기타사항	이 사건 채권자입니다.			

2. 채무자1

성 명	○ ○ ○		주민등록번호	생략
주 소	경상남도 거제시 ○○로 ○○○, ○○○호			
직 업	무지	사무실 주 소	생략	
전 화	(휴대폰) 010 - 4590 - 0000			
기타사항	이 사건 채무자1입니다.			

채무자2

성 명	○ ○ ○	주민등록번호	생략
주 소	경상남도 통영시 ○○로 ○○○, ○○○-○○호		
직 업	상업	사무실 주 소	생략
전 화	(휴대폰) 010 - 3789 - 0000		
기타사항	이 사건 채무자2입니다.		

3. 대여금 청구의 독촉사건

신 청 취 지

채무자1은 채권자에게 금 8,000,000원 및 이에 대한 ○○○○. ○○. ○○.부터 이 사건 지급명령결정 정본이 송달된 날까지는 연 5%의, 그 다음날부터 다 갚는 날까지는 연 12%의 각 비율에 의한 금원. 채무자1, 채무자2는 금 7,000,000원 및 이에 대한 ○○○○. ○○. ○○.부터 지급명령 정본이 송달된 날까지는 연 5%의, 그다음 날부터 다 갚는 날까지는 연 12%의 각 비율에 의한 금원 및 아래 독촉절차비용을 합한 금액을 지급하라는 지급명령을 구합니다.

- 아 래 -

금　100,800 원　　　독촉절차비용

- 내 역 -

금　　7,200 원　　　수입인지대
금　 93,600 원　　　송달료

신 청 이 유

1. 채무자1은 채권자로부터 ○○○○. ○○. ○○. 금 8,000,000원을 차용하면서 ○○○○. ○○. ○○.까지 변제하기로 약정하는 현금보관증을 작성하여 채권자에게 교부한바 있었는바, 변제기일이 도과한 후 현재까지 이를 지급하지 않고 있습니다.

2. 또한 채무자1은 채무자2의 보증아래 ○○○○. ○○. ○○. 채권자로부터 금 7,000,000원을 차용하고, ○○○○. ○○. ○○.까지 지급하기로 하는 각서를 발행하여 채권자에게 교부한 사실이 있음에도 불구하고 변제기일이 도과한 후 현재에 이르기까지 이를 변제하지 않고 있습니다.

3. 따라서 채권자는 채무자들에게 신청취지와 같은 지급명령을 구하고자 지급명령 신청에 이른 것입니다.

- 끝 -

(5) 지급명령신청서 - 가맹점 보증금반환 청구 가맹점계약해제 후에 보증금을 반환
하지 않고 있어 청구하는 지급명령신청서 최신서식

지 급 명 령 신 청 서

채 권 자 : ○ ○ ○

채 무 자 : ○ ○ ○

소송물 가액금	금	15,000,000원
첨부할 인지액	금	7,200원
첨부한 인지액	금	7,200원
납부한 송달료	금	62,400원
비 고		

홍성지원 보령시법원 귀중

지급명령신청서

1. 채권자

성 명	○ ○ ○	주민등록번호	생략
주 소	경기도 광명시 ○○로길 ○○, ○○○-○○○○호		
직 업	상업	사무실 주 소	생략
전 화	(휴대폰) 010 - 3456 - 0000		
기타사항	이 사건 채권자입니다.		

2. 채무자

성 명	○ ○ ○	주민등록번호	생략
주 소	충청남도 보령시 ○○로 ○○, ○○빌딩 301호		
직 업	상업	사무실 주 소	생략
전 화	(휴대폰) 010 - 9345 - 0000		
기타사항	이 사건 채무자입니다.		

3. 가맹점 보증금반환 청구의 독촉사건

신 청 취 지

채무자는 채권자에게 금 15,000,000원 및 이에 대한 이 사건 지급명령결정 정본이 송달된 그 다음날부터 다 갚는 날까지는 연 12%의 각 비율에 의한 금액 및 아래 독촉절차비용을 합한 금액을 지급하라는 지급명령을 구합니다.

- 아 래 -

금   69,600 원   독촉절차비용

- 내 역 -

금   7,200 원   수입인지대
금   62,400 원   송달료

신 청 이 유

1. 채권자는 주소지에서 ○○모터스를 운영하고 있고, 채무자는 주소지에서 윤활유 등을 공급하고 있습니다.

2. 채권자와 채무자는 ○○○○.○○.○○. 소 갑제1호증의 가맹계약을 체결하고 채권자는 채무자에게 계약과 동시에 가맹보증금으로 금 20,000,000원을 지급하였습니다.(가맹계약서 제8조 제2항 참조)

3. 가맹계약체결 후 채권자는 계약내용을 준수하려고 이행하여 왔는데 채무자는 가맹계약 전에 약속한 내용을 준수하지 않아 채권자로서는 해약을 하려고 했으나 채무자의 억지주장 때문에 어쩔 수 없이 거래를 하였던 것인데 현재까지 채권자가 채무자로부터 윤활유를 공급받고 지급하지 못한 윤활유대금이 금 5,000,000원입니다.

4. 채권자는 채무자에게 채권자가 지급한 가맹계약의 보증금 20,000,000원에서 미지급한 위 윤활유대금 500만원을 공제한 나머지 금 15,000,000원을 반환해 줄 것을 수차에 요구하였으나, 채무자는 채권자가 타사제품 윤활유를 취급하지도 않았음에도 불구하고 타사제품의 윤활유를 취급하였다며 뒤집어 씌우면서 위 보증금의 잔액 15,000,000원을 반환하지 않고 있습니다.

5. 따라서 채권자는 채무자로부터 보증금 20,000,000원 중, 금 5,000,000원 (2,000만원-미수금 500만원) 및 이에 대하여 이 사건 지급명령정본이 송달된 다음날부터 다 갚을 때까지는 소송촉진등에관한특례법에서 정한 연 12%의 각 비율에 지연손해금을 지급 받고자 이 사건 지급명령신청에 이르게 된 것입니다.

소 명 자 료 및 첨 부 서 류

1. 소 갑제1호증   가맹점계약서

1. 소 갑제2호증   보증금영수증

1. 송달료납부서

○○○○ 년 ○○ 월 ○○ 일

위 채권자 : ○○○(인)

홍성지원 보령시법원 귀중

당 사 자 표 시

1. 채권자

성 명	○ ○ ○	주민등록번호	생략
주 소	충청남도 보령시 ○○로 ○○, ○○○-○○○호		
직 업	상업	사무실 주 소	생략
전 화	(휴대폰) 010 - 6712 - 0000		
기타사항	이 사건 채권자입니다.		

2. 채무자

성 명	○ ○ ○	주민등록번호	생략
주 소	충청남도 보령시 ○○로 ○○, ○○빌딩 301호		
직 업	상업	사무실 주 소	생략
전 화	(휴대폰) 010 - 9345 - 0000		
기타사항	이 사건 채무자입니다.		

3. 가맹점 보증금반환 청구의 독촉사건

신 청 취 지

채무자는 채권자에게 금 15,000,000원 및 이에 대한 이 사건 지급명령결정 정본이 송달된 그 다음날부터 다 갚는 날까지는 연 12%의 각 비율에 의한 금액 및 아래 독촉절차비용을 합한 금액을 지급하라는 지급명령을 구합니다.

- 아 래 -

금   69,600 원   독촉절차비용

- 내 역 -

금   7,200 원   수입인지대

금   62,400 원   송달료

신 청 이 유

1. 채권자는 주소지에서 ○○모터스를 운영하고 있고, 채무자는 주소지에서 윤활유 등을 공급하고 있습니다.

2. 채권자와 채무자는 ○○○○.○○.○○. 소 갑제1호증의 가맹계약을 체결하고 채권자는 채무자에게 계약과 동시에 가맹보증금으로 금 20,000,000원을 지급하였습니다.(가맹계약서 제8조 제2항 참조)

3. 가맹계약체결 후 채권자는 계약내용을 준수하려고 이행하여 왔는데 채무자는 가맹계약 전에 약속한 내용을 준수하지 않아 채권자로서는 해약을 하려고 했으나 채무자의 억지주장 때문에 어쩔 수 없이 거래를 하였던 것인데 현재까지 채권자가 채무자로부터 윤활유를 공급받고 지급하지 못한 윤활유대금이 금 5,000,000원입니다.

4. 채권자는 채무자에게 채권자가 지급한 가맹계약의 보증금 20,000,000원에서 미지급한 위 윤활유대금 500만원을 공제한 나머지 금 15,000,000원을 반환해 줄 것을 수차에 요구하였으나, 채무자는 채권자가 타사제품 윤활유를 취급하지도 않았음에도 불구하고 타사제품의 윤활유를 취급하였다며 뒤집어 씌우면서 위 보증금의 잔액 15,000,000원을 반환하지 않고 있습니다.

5. 따라서 채권자는 채무자로부터 보증금 20,000,000원 중, 금 5,000,000원(2,000만원-미수금 500만원) 및 이에 대하여 이 사건 지급명령정본이 송달된 다음날부터 다 갚을 때까지는 소송촉진등에관한특례법에서 정한 연 12%의 각 비율에 지연손해금을 지급 받고자 이 사건 지급명령신청에 이르게 된 것입니다.

- 끝 -

(6) 지급명령신청서 - 공사대금 청구 공사대금 300만 원 소액을 지급하지 않아 청구하는 공사대금청구 지급명령신청서 최신서식

지 급 명 령 신 청 서

채 권 자 : ○ ○ ○

채 무 자 : ○ ○ ○

소송물 가액금	금	3,000,000 원
첨부할 인지액	금	1,500 원
첨부한 인지액	금	1,500 원
납부한 송달료	금	62,400원
비 고		

광주지방법원 영광군법원 귀중

지급명령신청서

1. 채권자

성 명	○ ○ ○	주민등록번호	생략
주 소	전라남도 영광군 영광읍 중앙로 ○○○, ○○○호		
직 업	노동	사무실 주소	생략
전 화	(휴대폰) 010 - 9223 - 0000		
기타사항	이 사건 채권자입니다.		

2. 채무자

성 명	○ ○ ○	주민등록번호	생략
주 소	전라남도 영광군 영광읍 ○○로 ○○○,		
직 업	건축주	사무실 주소	생략
전 화	(휴대폰) 010 - 9876 - 0000		
기타사항	이 사건 채무자입니다.		

3. 공사대금 청구의 독촉사건

신 청 취 지

채무자는 채권자에게 아래의 청구금액 및 독촉절차비용을 지급하라.

라는 지급명령을 구합니다.

1. 금 3,000,000원

2. 위 1항의 금액에 대하여 ○○○○. ○○. ○○.부터 지급명령결정정본 송달 일까지는 연 5%의, 그 다음날부터 다 갚는 날까지 연 12%의 비율에 의한 금원.

3. 독촉절차 비용 63,900원(내역 : 송달료 62,400원, 인지대 1,500원)

신 청 이 유

1. 채권자는 노동에 종사하고 있고, 채무자는 주소지에서 주택을 건축하는 건축주입니다.

2. 채권자는 채무자의 요청에 의하여 채무자 소유의 주택건축공사장에서 시멘트벽돌 쌓기 등의 공사를 5,000,000원에 하기로 한 후 ○○○○. ○○. ○○.부터 ○○○○. ○○. ○○.까지 공사를 완료하고 채무자에게 인도하자 채무자는 총 공사비 5,000,000원 중에서 금 2,000,000원만 지급하고 나머지 금 3,000,000원을 현재에 이르기까지 차일피일 지체하면서 지급하지 않고 있습니다.

3. 따라서 채권자는 채무자로부터 위 공사대금 금 3,000,000원 및 이에 대하여 공사대금을 지급하기로 한 날의 그 다음날인 ○○○○. ○○. ○○.부터 이 사건 지급명령결정정본을 송달받은 날까지는 연 5%의, 그 다음날부터 다 갚는 날까지는 소송촉진 등에 관한 특례법에서 정한 연 12%의 각 비율에 의한 이자와 지연손해금 및 독촉절차비용을 합한 금액의 지급을 받기 위하여 이 사건 지급명령신청에 이르렀습니다.

소 명 자 료 및 첨 부 서 류

1. 소 갑제1호증   공사계약서

○○○○ 년 ○○ 월 ○○ 일

위 채권자 : ○○○(인)

광주지방법원 영광군법원 귀중

당 사 자 표 시

1. 채권자

성 명	○ ○ ○	주민등록번호	생략
주 소	전라남도 영광군 영광읍 중앙로 ○○○, ○○○호		
직 업	노동	사무실 주 소	생략
전 화	(휴대폰) 010 - 9223 - 0000		
기타사항	이 사건 채권자입니다.		

2. 채무자

성 명	○ ○ ○	주민등록번호	생략
주 소	전라남도 영광군 영광읍 ○○로 ○○○,		
직 업	건축주	사무실 주 소	생략
전 화	(휴대폰) 010 - 9876 - 0000		
기타사항	이 사건 채무자입니다.		

3. 공사대금 청구의 독촉사건

신 청 취 지

채무자는 채권자에게 아래의 청구금액 및 독촉절차비용을 지급하라.
라는 지급명령을 구합니다.

1. 금 3,000,000원

2. 위 1항의 금액에 대하여 ○○○○. ○○. ○○.부터 지급명령결정정본 송달 일까지는 연 5%의, 그 다음날부터 다 갚는 날까지 연 12%의 비율에 의한 금원.

3. 독촉절차 비용 63,900원(내역 : 송달료 62,400원, 인지대 1,500원)

신 청 이 유

1. 채권자는 노동에 종사하고 있고, 채무자는 주소지에서 주택을 건축하는 건축주입니다.

2. 채권자는 채무자의 요청에 의하여 채무자 소유의 주택건축공사장에서 시멘트벽돌 쌓기 등의 공사를 5,000,000원에 하기로 한 후 ○○○○. ○○. ○○.부터 ○○○○. ○○. ○○.까지 공사를 완료하고 채무자에게 인도하자 채무자는 총 공사비 5,000,000원 중에서 금 2,000,000원만 지급하고 나머지 금 3,000,000원을 현재에 이르기까지 차일피일 지체하면서 지급하지 않고 있습니다.

3. 따라서 채권자는 채무자로부터 위 공사대금 금 3,000,000원 및 이에 대하여 공사대금을 지급하기로 한 날의 그 다음날인 ○○○○. ○○. ○○.부터 이 사건 지급명령결정정본을 송달받은 날까지는 연 5%의, 그 다음날부터 다 갚는 날까지는 소송촉진 등에 관한 특례법에서 정한 연 12%의 각 비율에 의한 이자와 지연손해금 및 독촉절차비용을 합한 금액의 지급을 받기 위하여 이 사건 지급명령신청에 이르렀습니다.

- 끝 -

(7) 지급명령신청서 - 체불임금 청구 근로자가 사업주에게 체불임금을 정산하여 청구하고 지급을 구하는 지급명령신청서 최신서식

지 급 명 령 신 청 서

채 권 자 : □ □ □

채 무 자 : □ □ □

소송물 가액금	금	16,935,074 원
첨부할 인지액	금	8,100 원
첨부한 인지액	금	8,100 원
납부한 송달료	금	62,400원
비 고		

수원지방법원 오산시법원 귀중

지급명령신청서

1. 채권자

성 명	□ □ □		
주 소	서울시 마포구 ○○로 ○길 ○○, ○○○-○○○○호		
직 업	회사원	사무실 주소	생략
전 화	(휴대폰) 010 - 9876 - 0000		
기타사항	이 사건 채권자 겸 근로자입니다.		

2. 채무자

성 명	□ □ □		
주 소	경기도 화성시 ○○○로길 ○○, ○○○호		
직 업	개인사업	사무실 주소	생략
전 화	(휴대폰) 010 - 4567 - 0000		
기타사항	이 사건 채무자 겸 사업주입니다.		

3. 체불임금 등 청구의 독촉사건

신 청 취 지

채무자는 채권자에게 아래의 청구금액 및 독촉절차비용을 지급하라.

라는 지급명령을 구합니다.

1. 금 16,935,074원

2. 위 제1항의 금액에 대하여 지급명령결정정본이 송달된 그 다음날부터 다 갚는 날까지 연 12%의 비율에 의한 금원.

3. 독촉절차 비용 70,500원(내역 : 송달료 62,400원, 인지대 8,100원)

신 청 이 유

1. 채권자는 채무자가 운영하는 경기도 화성시 ○○○로 ○번길 ○○, ○○층(○○호텔)에 2018. 1. 1. 고용되어 2020. 1. 30.까지 성실히 업무에 충실하였으나 채무자는 아래와 같이 임금 총 16,935,073원(최우선 변제 금 16,731,6 90원)지급하지 않았습니다.

2. 이에 채권자는 하는 수 없이 채무자를 중부지방고용노동지청에 진정서를 제출하여 별지 첨부한 체불임금 등 사업주 확인서를 2020. 6. 8. 발급받은바 있습니다.

3. 따라서 채권자는 채무자로부터 위 체불임금 금 16,935,074원 및 이에 대한 지급명령결정정본을 송달받은 그 다음날부터 다 갚는 날까지 소송촉진 등에 관한 특례법에서 정한 연 12%의 비율에 의한 지연손해금 및 독촉절차비용을 합한 금액의 지급을 받기 위하여 이 사건 신청에 이르렀습니다.

총 금액	16,935,074원			
최우선 변제금	구분	계	임금	퇴직금
	계	16,731,690	9,321,797	7,509,893
	최종 1개월분		3,899,871	3,689,783
	최종 2개월분		3,209,672	3,689,783
	최종 3개월분		2,212,254	30,327

소 명 자 료 및 첨 부 서 류

1. 소 갑제1호증   체불임금 사업주확인서

1. 소 갑제2호증   등기사항전부증명서(채무자분)

1. 납부서(인지대, 송달료)

○○○○ 년 ○○ 월 ○○ 일

위 채권자 : □ □ □   (인)

수원지방법원 오산시법원 귀중

당 사 자 표 시

1. 채권자

성 명	□ □ □	주민등록번호	생략
주 소	서울시 마포구 ○○로 ○길 ○○, ○○○-○○○○호		
직 업	회사원	사무실 주 소	생략
전 화	(휴대폰) 010 - 9876 - 0000		
기타사항	이 사건 채권자 겸 근로자입니다.		

2. 채무자

성 명	□ □ □		
주 소	경기도 화성시 ○○○로길 ○○, ○○○호		
직 업	개인사업	사무실 주 소	생략
전 화	(휴대폰) 010 - 4567 - 0000		
기타사항	이 사건 채무자 겸 사업주입니다.		

3. 체불임금 등 청구의 독촉사건

신 청 취 지

채무자는 채권자에게 아래의 청구금액 및 독촉절차비용을 지급하라.

라는 지급명령을 구합니다.

1. 금 16,935,074원

2. 위 제1항의 금액에 대하여 지급명령결정정본이 송달된 그 다음날부터 다 갚는 날까지 연 12%의 비율에 의한 금원.

3. 독촉절차 비용 70,500원(내역 : 송달료 62,400원, 인지대 8,100원)

신 청 이 유

1. 채권자는 채무자가 운영하는 경기도 화성시 ○○○로 ○번길 ○○, ○○층(○○호텔)에 2018. 1. 1. 고용되어 2020. 1. 30.까지 성실히 업무에 충실하였으나 채무자는 아래와 같이 임금 총 16,935,073원(최우선 변제 금 16,731,6 90원)지급하지 않았습니다.

2. 이에 채권자는 하는 수 없이 채무자를 중부지방고용노동지청에 진정서를 제출하여 별지 첨부한 체불임금 등 사업주 확인서를 2020. 6. 8. 발급받은바 있습니다.

3. 따라서 채권자는 채무자로부터 위 체불임금 금 16,935,074원 및 이에 대한 지급명령결정정본을 송달받은 그 다음날부터 다 갚는 날까지 소송촉진 등에 관한 특례법에서 정한 연 12%의 비율에 의한 지연손해금 및 독촉절차비용을 합한 금액의 지급을 받기 위하여 이 사건 신청에 이르렀습니다.

총 금액	16,935,074원			
최우선 변제금	구분	계	임금	퇴직금
	계	16,731,690	9,321,797	7,509,893
	최종 1개월분		3,899,871	3,689,783
	최종 2개월분		3,209,672	3,689,783
	최종 3개월분		2,212,254	30,327

- 끝 -

(8) 지급명령신청서 - 착수금반환 청구 제작의뢰 한 작업을 전혀 하지 않아 착수금의 반환을 청구하는 지급명령신청서 최신서식

지 급 명 령 신 청 서

채 권 자 : 주식회사 ○ ○ ○ ○

채 무 자 : ○ ○ ○

소송물 가액금	금 2,000,000 원
첨부할 인지액	금 1,000 원
첨부한 인지액	금 1,000 원
납부한 송달료	금 62,400원
비 고	

수원지방법원 안산지원 귀중

지 급 명 령 신 청 서

1. 채권자

성 명	주식회사 ○○○○(사업자등록 : 생략)
주 소	경기도 성남시 분당구 ○○로 ○○, ○○○호
대 표 자	대표이사 ○○○
전 화	(휴대폰) 010 - 4454 - 0000
기타사항	이 사건 채권자입니다.

2. 채무자

성 명	○ ○ ○	주민등록번호	생략
주 소	경기도 안산시 ○○구 ○○○로 ○○, ○○○호		
직 업	상업	사무실 주 소	생략
전 화	(휴대폰) 010 - 7767 - 0000		
기타사항	이 사건 채무자입니다.		

3. 착수금반환 청구의 독촉사건

신 청 취 지

채무자는 채권자에게 아래의 청구금액 및 독촉절차비용을 지급하라.

라는 지급명령을 구합니다.

1. 금 2,000,000원

2. 위 1항의 금액에 대하여 지급명령결정정본이 송달된 그 다음날부터 다 갚는 날까지 연 12%의 비율에 의한 금원.

3. 독촉절차 비용 63,400원(내역 : 송달료 62,400원, 인지대 1,000원)

신 청 이 유

1. 채권자는 채무자의 요청에 의하여 ○○○○. ○○. ○○.채권자가 운영하는 주식회사 ○○○○ 브랜드의 제품디자인 및 홈페이지제작을 금 5,000,0 00원으로 정하고 ○○○○. ○○. ○○.까지 완성하기로 하여 채권자는 ○○○○. ○○. ○○.착수금으로 금 2,000,000원을 지급한 사실이 있습니다.

2. 이에 채무자는 ○○○○. ○○. ○○.까지 사이트 구동보조 및 보완 등을 보충하기로 하였음에도 아무런 연락이 없어서 채권자가 확인한 바에 의하면 채무자는 위 브랜드의 제품디자인 및 홈페이지제작 등과 관련하여 아무런 작업조차 착수하지 않은 것으로 밝혀졌으며 채무자 역시 전혀 작업에 착수하지 않았던 사실을 인정하였습니다.

3. 그래서 채권자는 채무자에게 ○○○○. ○○. ○○.내용증명을 발송하고 이 사건 홈페이지 제작 등과 관련하여 해제를 통보하고 채권자가 채무자에게 교부한 위 착수금 2,000,000원의 반환을 촉구하였습니다.

4. 채권자가 계속해서 채무자에게 위 착수금의 반환을 요구하자 채무자는 차일피일 지체하면서 반환을 회피하여 연락이 두절된 상태에서 채권자가 ○○○○. ○○. ○○. 오전 10:10경 채무자의 휴대전화로 위 착수금의 반환을 재차 요구하고 나서자 채무자는 위 문자메시지에서 돌려주겠다. 기다려주세요. 네 알겠습니다. 지켜드리겠습니다. 라는 말만 있을 뿐 지금까지 위 착수금을 반환하지 않고 있습니다.

5. 따라서 채권자는 채무자로부터 위 착수금 2,000,000원 및 이에 대한 지급명령결정정본을 송달받은 그 다음날부터 다 갚는 날까지 소송촉진등에관한특례법에서 정한 연 12%의 각 비율에 의한 이자, 지연손해금 및 독촉절차비용을 합한 금액의 지급을 받기 위하여 이 사건 신청에 이르렀습니다.

소 명 자 료 및 첨 부 서 류

1. 소 갑제1호증   계약서

1. 소 갑제2호증   송금영수증 사본

1. 소 갑제3호증   내용증명서

1. 소 갑제4호증   문자메이지

1. 채권자의 법인등기부등본

○○○○ 년 ○○ 월 ○○ 일

위 채권자 : (주)○○○○(인)

대표이사 ○○○

수원지방법원 안산지원 귀중

당 사 자 표 시

1. 채권자

성 명	주식회사 ○○○○(사업자등록 : 생략)
주 소	경기도 성남시 분당구 ○○로 ○○, ○○○호
대 표 자	대표이사 ○○○
전 화	(휴대폰) 010 - 4454 - 0000
기타사항	이 사건 채권자입니다.

2. 채무자

성 명	○ ○ ○	주민등록번호	생략
주 소	경기도 안산시 ○○구 ○○○로 ○○, ○○○호		
직 업	상업	사무실 주 소	생략
전 화	(휴대폰) 010 - 7767 - 0000		
기타사항	이 사건 채무자입니다.		

3. 착수금반환 청구의 독촉사건

신 청 취 지

채무자는 채권자에게 아래의 청구금액 및 독촉절차비용을 지급하라.

라는 지급명령을 구합니다.

1. 금 2,000,000원

2. 위 1항의 금액에 대하여 지급명령결정정본이 송달된 그 다음날부터 다 갚는 날까지 연 12%의 비율에 의한 금원.

3. 독촉절차 비용 63,400원(내역 : 송달료 62,400원, 인지대 1,000원)

신 청 이 유

1. 채권자는 채무자의 요청에 의하여 ○○○○. ○○. ○○.채권자가 운영하는 주식회사 ○○○○ 브랜드의 제품디자인 및 홈페이지제작을 금 5,000,0 00원으로 정하고 ○○○○. ○○. ○○.까지 완성하기로 하여 채권자는 ○○○○. ○○. ○○.착수금으로 금 2,000,000원을 지급한 사실이 있습니다.

2. 이에 채무자는 ○○○○. ○○. ○○.까지 사이트 구동보조 및 보완 등을 보충하기로 하였음에도 아무런 연락이 없어서 채권자가 확인한 바에 의하면 채무자는 위 브랜드의 제품디자인 및 홈페이지제작 등과 관련하여 아무런 작업조차 착수하지 않은 것으로 밝혀졌으며 채무자 역시 전혀 작업에 착수하지 않았던 사실을 인정하였습니다.

3. 그래서 채권자는 채무자에게 ○○○○. ○○. ○○.내용증명을 발송하고 이 사건 홈페이지 제작 등과 관련하여 해제를 통보하고 채권자가 채무자에게 교부한 위 착수금 2,000,000원의 반환을 촉구하였습니다.

4. 채권자가 계속해서 채무자에게 위 착수금의 반환을 요구하자 채무자는 차일피일 지체하면서 반환을 회피하여 연락이 두절된 상태에서 채권자가 ○○○○. ○○. ○○. 오전 10:10경 채무자의 휴대전화로 위 착수금의 반환을 재차 요구하고 나서자 채무자는 위 문자메시지에서 돌려주겠다. 기다려주세요. 네 알겠습니다. 지켜드리겠습니다. 라는 말만 있을 뿐 지금까지 위 착수금을 반환하지 않고 있습니다.

5. 따라서 채권자는 채무자로부터 위 착수금 2,000,000원 및 이에 대한 지급명령결정정본을 송달받은 그 다음날부터 다 갚는 날까지 소송촉진등에관한특례법에서 정한 연 12%의 각 비율에 의한 이자, 지연손해금 및 독촉절차비용을 합한 금액의 지급을 받기 위하여 이 사건 신청에 이르렀습니다.

- 끝 -

(9) 지급명령신청서 - 물품대금 청구 제조생산 한 물품을 판매하였으나 대금을 지급하지 않아 청구하는 지급명령신청서 최신서식

지 급 명 령 신 청 서

채 권 자 : 주식회사 ○○ 식품

채 무 자 : (주) ○○ 요식협회

소송물 가액금	금 1,430,000원
첨부할 인지액	금 1,000원
첨부한 인지액	금 1,000원
납부한 송달료	금 62,400원
비 고	

의정부지방법원 연천군법원 귀중

지급명령신청서

1. 채권자

성 명	(주)○○식품	사업자등록번호	생략
주 소	경기도 연천군 연천읍 ○○로 ○○, ○○○호		
대 표 자	대표이사 ○○○		
전 화	(휴대폰) 010 - 7473 - 0000		
대리인에 의한 고소	☐ 법정대리인 (성명 : , 연락처) ☐ 소송대리인 (성명 : 변호사, 연락처)		

2. 채무자

성 명	(주)○○요식협회(사업자등록번호 : 생략)
주 소	경기도 성남시 ○○구 ○○로길 ○○, ○○○호
대 표 자	대표이사 ○○○
전 화	(사무실) 031 - 718 - 0000
기타사항	이 사건 채무자입니다.

3. 물품대금 청구의 독촉사건

신 청 취 지

채무자는 채권자에게 금 1,430,000원 및 이에 대한 ○○○○. ○○. ○○.부터 이 사건 지급명령정본이 송달된 날까지는 연 5%의, 그 다음날부터 다 갚는 날까지는 연 12%의 각 비율에 의한 금액 및 아래 독촉절차비용을 합한 금액을 지급하라는 지급명령을 구합니다.

- 아 래 -

금   63,400 원   독촉절차비용

- 내 역 -

금   1,000 원   수입인지
금   62,400 원   송달료

신 청 이 유

1. 채권자는 주소지에서 조제스프를 제조 판매하는 업을 주업으로 하는 법인사업자이며, 채무자는 주소지에서 일반음식점, 식자재 소매, 무역업을 주업으로 하는 법인사업자입니다.

2. 채권자는 채무자의 요청에 의하여 ○○○○. ○○. ○○.채권자가 제조 생산하는 ○○맛내기 장을 금 242,000원에 판매한 사실이 있었고 그 무렵 대금을 지급받은 바 있습니다.

3. 그 후 채권자는 채무자의 요청에 의하여 ○○맛내기 장을 ○○○○. ○○. ○○.금 1,430,000원에 판매하였으나 차일피일 지체하면서 현재에 이르기까지 위 물품대금을 지급하지 않고 있습니다.

4. 따라서 채권자는 채무자로부터 위 물품대금 1,430,000원 및 이에 대한 채권자가 채무자에게 물품을 판매한 그 다음날인 ○○○○. ○○. ○○.부터 이 사건 지급명령정본이 송달된 날까지는 연 5%의, 그 다음날부터 다 갚는 날까지 소송촉진 등에 관한특례법에서 정한 연 12%의 각 비율에 의한 이자, 지연손해금 및 독촉절차비용을 합한 금액의 지급을 받기 위하여 이 사건 지급명령신청에 이른 것입니다.

소 명 자 료 및 첨 부 서 류

1. 소 갑제1호증   전자세금계산서

1. 채권자의 법인등기부등본   첨부

1. 채무자의 법인등기부등본   첨부

1. 송달료납부서

1. 인지납부확인서

○○○○ 년 ○○ 월 ○○ 일

위 채권자 : (주)○○식품 (인)

대표이사 ○○○

의정부지방법원 연천군법원 귀중

당 사 자 표 시

1. 채권자

성 명	(주)○○식품	사업자등록번호	생략
주 소	경기도 연천군 연천읍 ○○로 ○○, ○○○호		
대 표 자	대표이사 ○○○		
전 화	(휴대폰) 010 - 7473 - 0000		
대리인에 의한 신청	☐ 법정대리인 (성명 : , 연락처) ☐ 소송대리인 (성명 : 변호사, 연락처)		

2. 채무자

성 명	(주)○○요식협회(사업자등록번호 : 생략)
주 소	경기도 성남시 ○○구 ○○로길 ○○, ○○○호
대 표 자	대표이사 ○○○
전 화	(사무실) 031 - 718 - 0000
기타사항	이 사건 채무자입니다.

3. 물품대금 청구의 독촉사건

신 청 취 지

채무자는 채권자에게 금 1,430,000원 및 이에 대한 ○○○○. ○○. ○○.부터 이 사건 지급명령정본이 송달된 날까지는 연 5%의, 그 다음날부터 다 갚는 날까지는 연 12%의 각 비율에 의한 금액 및 아래 독촉절차비용을 합한 금액을 지급하라는 지급명령을 구합니다.

- 아 래 -

금   63,400 원   독촉절차비용

- 내 역 -

금   1,000 원   수입인지
금   62,400 원   송달료

신 청 이 유

1. 채권자는 주소지에서 조제스프를 제조 판매하는 업을 주업으로 하는 법인사업자이며, 채무자는 주소지에서 일반음식점, 식자재 소매, 무역업을 주업으로 하는 법인사업자입니다.

2. 채권자는 채무자의 요청에 의하여 ○○○○. ○○. ○○.채권자가 제조 생산하는 ○○맛내기 장을 금 242,000원에 판매한 사실이 있었고 그 무렵 대금을 지급받은 바 있습니다.

3. 그 후 채권자는 채무자의 요청에 의하여 ○○맛내기 장을 ○○○○. ○○. ○○.금 1,430,000원에 판매하였으나 차일피일 지체하면서 현재에 이르기까지 위 물품대금을 지급하지 않고 있습니다.

4. 따라서 채권자는 채무자로부터 위 물품대금 1,430,000원 및 이에 대한 채권자가 채무자에게 물품을 판매한 그 다음날인 ○○○○. ○○. ○○.부터 이 사건 지급명령정본이 송달된 날까지는 연 5%의, 그 다음날부터 다 갚는 날까지 소송촉진 등에 관한특례법에서 정한 연 12%의 각 비율에 의한 이자, 지연손해금 및 독촉절차비용을 합한 금액의 지급을 받기 위하여 이 사건 지급명령신청에 이른 것입니다.

- 끝 -

(10) 지급명령신청서 - 공사대금 청구 공사를 완료하고 인도하였으나 공사비 잔액을 지급하지 않아 청구하는 지급명령신청서 최신서식

지 급 명 령 신 청 서

채 권 자 : ○ ○ ○

채 무 자 : ○ ○ ○

소송물 가액금	금	17,200,000 원
첨부할 인지액	금	8,200 원
첨부한 인지액	금	8,200 원
납부한 송달료	금	62,400원
비 고		

김천지원 구미시법원 귀중

지 급 명 령 신 청 서

1. 채권자

성 명	○ ○ ○	주민등록번호	생략
주 소	김천시 ○○로 ○○, ○○○-○○○호		
직 업	사업	사무실 주 소	생략
전 화	(휴대폰) 010 - 9901 - 0000		
기타사항	공사를 도급받은 채권자입니다.		

2. 채무자

성 명	○ ○ ○	주민등록번호	생략
주 소	구미시 ○○로 ○○길 ○○○-○○○호		
직 업	상업	사무실 주 소	생략
전 화	(휴대폰) 010 - 2387 - 0000		
기타사항	공사를 의뢰한 채무자입니다.		

3. 공사대금 청구의 독촉사건

신 청 취 지

채무자는 채권자에게 아래의 청구금액 및 독촉절차비용을 지급하라.

라는 지급명령을 구합니다.

1. 금 17,200,000원

2. 위 1항의 금액에 대하여 이 사건 지급명령결정정본이 송달된 그 다음날부터 다 갚는 날까지는 연 12%의 비율에 의한 금원

3. 독촉절차 비용 70,600원(내역 : 송달료 62,400원, 인지대 8,200원)

신 청 이 유

1. 채권자는 채무자의 요청에 의하여 ○○○○. ○○. ○○. 옥상방수공사를 공사대금 금 20,000,000원에 하기로 하고 ○○○○. ○○. ○○. 공사를 모두 완료하였습니다.

2. 그러나 채무자는 위 공사대금 중 금 2,800,000원만 지급한 후 현재에 이르기까지 금 17,200,000원을 지급하지 않고 있습니다.

3. 따라서 채권자는 채무자로부터 위 공사대금 금 17,200,000원 및 이에 대한 이 사건 지급명령결정정본이 송달된 그 다음날부터 다 갚는 날까지 소송촉진등에관한특례법에서 정한 연 12%의 비율에 의한 금액의 지급을 받기 위하여 이 사건 지급명령신청에 이르렀습니다.

소명자료 및 첨부서류

1. 소 갑제1호증　　　　　　공사계약서

1. 소 갑제2호증　　　　　　예금입출금내역서

1. 인지대 송달료 납부서　　첨부

○○○○ 년 ○○ 월 ○○ 일

위 채권자 : ○○○(인)

김천지원 구미시법원 귀중

당 사 자 표 시

1. 채권자

성 명	○ ○ ○	주민등록번호	생략
주 소	김천시 ○○로 ○○, ○○○-○○○호		
직 업	사업	사무실 주소	생략
전 화	(휴대폰) 010 - 9901 - 0000		
기타사항	공사를 도급받은 채권자입니다.		

2. 채무자

성 명	○ ○ ○	주민등록번호	생략
주 소	구미시 ○○로 ○○길 ○○○-○○○호		
직 업	상업	사무실 주소	생략
전 화	(휴대폰) 010 - 2387 - 0000		
기타사항	공사를 의뢰한 채무자입니다.		

3. 공사대금 청구의 독촉사건

신 청 취 지

채무자는 채권자에게 아래의 청구금액 및 독촉절차비용을 지급하라.

라는 지급명령을 구합니다.

1. 금 17,200,000원

2. 위 1항의 금액에 대하여 이 사건 지급명령결정정본이 송달된 그 다음날부터 다 갚는 날까지는 연 12%의 비율에 의한 금원

3. 독촉절차 비용 70,600원(내역 : 송달료 62,400원, 인지대 8,200원)

신 청 이 유

1. 채권자는 채무자의 요청에 의하여 ○○○○. ○○. ○○. 옥상방수공사를 공사대금 금 20,000,000원에 하기로 하고 ○○○○. ○○. ○○. 공사를 모두 완료하였습니다.

2. 그러나 채무자는 위 공사대금 중 금 2,800,000원만 지급한 후 현재에 이르기까지 금 17,200,000원을 지급하지 않고 있습니다.

3. 따라서 채권자는 채무자로부터 위 공사대금 금 17,200,000원 및 이에 대한 이 사건 지급명령결정정본이 송달된 그 다음날부터 다 갚는 날까지 소송촉진등에관한특례법에서 정한 연 12%의 비율에 의한 금액의 지급을 받기 위하여 이 사건 지급명령신청에 이르렀습니다.

- 끝 -

(11) 지급명령신청서 - 대여금 청구 원금과 이자를 지급하지 않아 원리금과 약정 이자를 모두 지급을 구하는 지급명령신청서 최신서식

지 급 명 령 신 청 서

채 권 자 : ○ ○ ○

채 무 자 : ○ ○ ○

소송물 가액금	금	200,000,000 원
첨부할 인지액	금	85,500 원
첨부한 인지액	금	85,500 원
납부한 송달료	금	62,400원
비 고		

전주지방법원 독촉계 귀중

지 급 명 령 신 청 서

1. 채권자

성 명	○ ○ ○	주민등록번호	생략
주 소	전라북도 전주시 완산구 석불○○길 ○○, ○○○호		
직 업	주부	사무실 주소	생략
전 화	(휴대폰) 010 - 8766 - 0000		
기타사항	이 사건 채권자입니다.		

2. 채무자

성 명	○ ○ ○	주민등록번호	생략
주 소	세종특별자치시 ○○로 ○○, ○○○동 ○○○○호		
직 업	주부	사무실 주소	생략
전 화	(휴대폰) 010 - 2876 - 0000		
기타사항	이 사건 채무자입니다.		

3. 대여금 청구의 독촉사건

신 청 취 지

채무자는 채권자에게 아래의 청구금액 및 독촉절차비용을 지급하라.

라는 지급명령을 구합니다.

1. 금 200,000,000원

2. 위 1항의 금액에 대하여 ○○○○. ○○. ○○.부터 지급명령결정정본 송달일까지는 연 24%(계산의 편의상 월 2.0%를 연단위로 환산하였습니다)의, 그 다음날부터 다 갚는 날까지 연 12%의 비율에 의한 금원.

3. 독촉절차 비용 147,900원(내역 : 송달료 62,400원, 인지대 85,500원)

신 청 이 유

1. 채권자는 채무자의 간곡한 요청에 의하여 ○○○○. ○○. ○○.금 200,000,000원을 대여하면서, 이에 대한 이자는 월 2.0%로 정하고 변제기는 ○○○○. ○○. ○○.부터 ○○○○. ○○. ○○.까지 매월 50,000,000원씩 변제하기로 하고 대여한 사실이 있습니다.

2. 그런데 채무자는 ○○○○. ○○. ○○.부터 지급하기로 약정한 이 자금과 원금을 현재에 이르기까지 차일피일 지체하면서 지급하지 않고 시간만 뒤로 미루고 이제는 아예 연락마저 두절된 상태입니다.

3. 따라서 채권자는 채무자로부터 위 대여금 200,000,000원 및 이에 대한 채권자가 채무자에게 대여한 그 다음날인 ○○○○. ○○. ○○.부터 이 사건 지급명령결정정본을 송달받은 날까지는 약정이자인 연 24%(계산의 편의상 월 2.0%를 연단위로 환산하였습니다)의, 그 다음날부터 다 갚는 날까지는 소송촉진등에관한특례법에서 정한 연 12%의 각 비율에 의한 이자, 지연손

해금 및 독촉절차비용을 합한 금액의 지급을 받기 위하여 이 사건 신청에 이르렀습니다.

소 명 자 료 및 첨 부 서 류

1. 소 갑제1호증　　　　　자필차용증서

1. 소 갑제2호증　　　　　채무자의 신분증사본

1. 인지대 송달료 납부서　　첨부

○○○○ 년 ○○ 월 ○○ 일

위 채권자 : ○○○(인)

전주지방법원 독촉계 귀중

당 사 자 표 시

1. 채권자

성 명	○ ○ ○	주민등록번호	생략
주 소	전라북도 전주시 완산구 석불○○길 ○○, ○○○호		
직 업	주부	사무실 주 소	생략
전 화	(휴대폰) 010 - 8766 - 0000		
기타사항	이 사건 채권자입니다.		

2. 채무자

성 명	○ ○ ○	주민등록번호	생략
주 소	세종특별자치시 ○○로 ○○, ○○○동 ○○○○호		
직 업	주부	사무실 주 소	생략
전 화	(휴대폰) 010 - 2876 - 0000		
기타사항	이 사건 채무자입니다.		

3. 대여금 청구의 독촉사건

신 청 취 지

채무자는 채권자에게 아래의 청구금액 및 독촉절차비용을 지급하라.

라는 지급명령을 구합니다.

1. 금 200,000,000원

2. 위 1항의 금액에 대하여 ○○○○. ○○. ○○.부터 지급명령결정정본 송달일까지는 연 24%(계산의 편의상 월 2.0%를 연단위로 환산하였습니다)의, 그 다음날부터 다 갚는 날까지 연 12%의 비율에 의한 금원.

3. 독촉절차 비용 147,900원(내역 : 송달료 62,400원, 인지대 85,500원)

신 청 이 유

1. 채권자는 채무자의 간곡한 요청에 의하여 ○○○○. ○○. ○○.금 200,000,000원을 대여하면서, 이에 대한 이자는 월 2.0%로 정하고 변제기는 ○○○○. ○○. ○○.부터 ○○○○. ○○. ○○.까지 매월 50,000,000원씩 변제하기로 하고 대여한 사실이 있습니다.

2. 그런데 채무자는 ○○○○. ○○. ○○.부터 지급하기로 약정한 이 자금과 원금을 현재에 이르기까지 차일피일 지체하면서 지급하지 않고 시간만 뒤로 미루고 이제는 아예 연락마저 두절된 상태입니다.

3. 따라서 채권자는 채무자로부터 위 대여금 200,000,000원 및 이에 대한 채권자가 채무자에게 대여한 그 다음날인 ○○○○. ○○. ○○.부터 이 사건 지급명령결정정본을 송달받은 날까지는 약정이자인 연 24%(계산의 편의상 월 2.0%를 연단위로 환산하였습니다)의, 그 다음날부터 다 갚는 날까지는 소송촉진등에관한특례법에서 정한 연 12%의 각 비율에 의한 이자, 지연손

해금 및 독촉절차비용을 합한 금액의 지급을 받기 위하여 이 사건 신청에 이르렀습니다.

- 끝 -

(12) 지급명령신청서 - 용역비 청구 용역비를 자급하지 않고 있어 내용증명을 발송하고 그 지급을 청구하는 지급명령신청서 최신서식

지 급 명 령 신 청 서

채 권 자 : ○ ○ ○

채 무 자 : 주식회사 ○○○○

소송물 가액금	금	6,000,000 원
첨부할 인지액	금	3,000 원
첨부한 인지액	금	3,000 원
납부한 송달료	금	62,400원
비 고		

서울 동부지방법원 귀중

지 급 명 령 신 청 서

1. 채권자

성 명	○ ○ ○	주민등록번호	생략
주 소	서울시 ○○구 ○○로○○길 ○○, ○○○호		
상 호	○○○○(사업자등록번호 : 생략)		
전 화	(휴대폰) 010 - 2998 - 0000 담당직원 ○○○		
대리인에 의한 신 청	☐ 법정대리인 (성명 : , 연락처) ☐ 소송대리인 (성명 : 변호사, 연락처)		

2. 채무자

성 명	주식회사 ○○○○(법인등록번호 : 생략)
주 소	서울시 ○○구 ○○○로 ○○,(○○동)
대 표 자	대표이사 ○○○
전 화	(휴대폰) 010 - 4456 - 0000
기타사항	이 사건 채무자입니다.

3. 용역대금 청구의 독촉사건

신 청 취 지

채무자는 채권자에게 금 6,000,000원 및 이에 대하여 ○○○○. ○○. ○○.부터 이 사건 지급명령정본이 송달된 날까지는 연 5%의, 그 다음날부터 다 갚는 날까지는 연 12%의 각 비율에 의한 금액 및 아래 독촉절차비용을 합한 금액을 지급하라는 지급명령을 구합니다.

- 아 래 -

금   65,400 원   독촉절차비용

- 내 역 -

금   3,000 원   수입인지
금   62,400 원   송달료

신 청 이 유

1. 채권자는 주소지에서 각종 용역업무 등을 대행하는 개인사업자이고 피고는 주소지에서 ○○전문경영을 목적으로 설립된 법인사업자입니다.

2. 채권자는 채무자의 요청에 의하여 채무자가 경영하는 ○○전문영업장에 대한 주차관리 및 주차대행 업무와 관련하여 ○○○○. ○○. ○○.주차장 관리대행 계약서를 체결하면서 용역대금에 대해서는 익월 5일에 금 2,500,000원을 지급하기로 약정하였습니다.

3. 이에 물가상승률을 감안하여 피고는 ○○○○. ○○. ○○.부터 이 사건 주차장관리 및 주차대행료를 금 500,000원 인상하여 매월 3,000,000원을 지급하기로 약속하였습니다.

4. 그 이후 채무자들의 위 ○○전문영업장의 사업이 원활하지 않자 이 사건 용역계약은 ○○○○. ○○. ○○.부로 해지하기로 한 사실이 있으나 이 무렵 채무자는 ○○○○. ○○.분 금 3,000,000원과 같은 ○○월분 금 3,000,000원의 총 6,000,000원에 대한 용역비를 지급하지 않은 채 현재에 이르기까지 차일피일 지급하지 않고 있습니다.

5. 따라서 채권자는 채무자로부터 위 용역대금 6,000,000원 및 이에 대하여 채무자들이 지급하기로 한 용역대금 지급일 그 다음날인 ○○○○. ○○. ○○.부터 이 사건 지급명령정본이 송달된 날까지는 연 5%의, 그 다음날부터 다 갚는 날까지 소송촉진 등에 관한특례법에서 정한 연 12%의 각 비율에 의한 이자, 지연손해금 및 위 독촉절차비용을 합한 금액의 지급을 받기 위하여 이 사건 지급명령신청에 이른 것입니다.

소 명 자 료 및 첨 부 서 류

1. 소 갑제1호증   용역계약서

1. 소 갑제2호증   내용증명서

1. 채무자의 법인등기부등본   첨부

1. 송달료납부서   첨부

1. 인지납부확인서   첨부

○○○○ 년 ○○ 월 ○○ 일

위 채권자 : ○○○(인)

서울 동부지방법원 귀중

당 사 자 표 시

1. 채권자

성 명	○ ○ ○	주민등록번호	생략
주 소	서울시 ○○구 ○○로○○길 ○○, ○○○호		
상 호	○○○○(사업자등록번호 : 생략)		
전 화	(휴대폰) 010 - 2998 - 0000 담당직원 ○○○		
대리인에 의한 신 청	☐ 법정대리인 (성명 : , 연락처) ☐ 소송대리인 (성명 : 변호사, 연락처)		

2. 채무자

성 명	주식회사 ○○○○(법인등록번호 : 생략)
주 소	서울시 ○○구 ○○○로 ○○,(○○동)
대 표 자	대표이사 ○○○
전 화	(휴대폰) 010 - 4456 - 0000
기타사항	이 사건 채무자입니다.

3. 용역대금 청구의 독촉사건

신 청 취 지

채무자는 채권자에게 금 6,000,000원 및 이에 대하여 ○○○○. ○○. ○○.부터 이 사건 지급명령정본이 송달된 날까지는 연 5%의, 그 다음날부터 다 갚는 날까지는 연 12%의 각 비율에 의한 금액 및 아래 독촉절차비용을 합한 금액을 지급하라는 지급명령을 구합니다.

- 아 래 -

금   65,400 원   독촉절차비용

- 내 역 -

금   3,000 원   수입인지
금   62,400 원   송달료

신 청 이 유

1. 채권자는 주소지에서 각종 용역업무 등을 대행하는 개인사업자이고 피고는 주소지에서 ○○전문경영을 목적으로 설립된 법인사업자입니다.

2. 채권자는 채무자의 요청에 의하여 채무자가 경영하는 ○○전문영업장에 대한 주차관리 및 주차대행 업무와 관련하여 ○○○○. ○○. ○○.주차장 관리대행 계약서를 체결하면서 용역대금에 대해서는 익월 5일에 금 2,500,000원을 지급하기로 약정하였습니다.

3. 이에 불가상승률을 감안하여 피고는 ○○○○. ○○. ○○.부터 이 사건 주차장관리 및 주차대행료를 금 500,000원 인상하여 매월 3,000,000원을 지급하기로 약속하였습니다.

4. 그 이후 채무자들의 위 ○○전문영업장의 사업이 원활하지 않자 이 사건 용역계약은 ○○○○. ○○. ○○.부로 해지하기로 한 사실이 있으나 이 무렵 채무자는 ○○○○. ○○.분 금 3,000,000원과 같은 ○○월분 금 3,000,000원의 총 6,000,000원에 대한 용역비를 지급하지 않은 채 현재에 이르기까지 차일피일 지급하지 않고 있습니다.

5. 따라서 채권자는 채무자로부터 위 용역대금 6,000,000원 및 이에 대하여 채무자들이 지급하기로 한 용역대금 지급일 그 다음날인 ○○○○. ○○. ○○.부터 이 사건 지급명령정본이 송달된 날까지는 연 5%의, 그 다음날부터 다 갚는 날까지 소송촉진 등에 관한특례법에서 정한 연 12%의 각 비율에 의한 이자, 지연손해금 및 위 독촉절차비용을 합한 금액의 지급을 받기 위하여 이 사건 지급명령신청에 이른 것입니다.

- 끝 -

(13) 지급명령신청서 - 월세보증금반환 청구 오피스텔 월세보증금을 반환하지 않고 있어 지급을 청구하는 지급명령신청서 최신서식

지 급 명 령 신 청 서

채 권 자 : ○ ○ ○

채 무 자 : ○ ○ ○

소송물 가액금	금 5,000,000 원
첨부할 인지액	금 2,500 원
첨부한 인지액	금 2,500 원
납부한 송달료	금 62,400원
비 고	

전주지방법원 정읍지원 귀중

지 급 명 령 신 청 서

1. 채권자

성 명	○ ○ ○	주민등록번호	생략
주 소	전라북도 정읍시 ○○로 ○○, ○○오피스텔 ○○○호		
직 업	회사원	사무실 주 소	생략
전 화	(휴대폰) 010 - 8789 - 0000		
기타사항	이 사건 오피스텔에 대한 임차인입니다.		

2. 채무자

성 명	○ ○ ○	주민등록번호	생략
주 소	전주시 ○○구 ○○로 ○○, ○○○-○○○○호		
직 업	주부	사무실 주 소	생략
전 화	(휴대폰) 010 - 1276 - 0000		
기타사항	이 사건 오피스텔의 임대인입니다.		

3. 월세보증금반환 청구의 독촉사건

신 청 취 지

채무자는 채권자에게 아래의 청구금액 및 독촉절차비용을 지급하라.

라는 지급명령을 구합니다.

1. 금 5,000,000원

2. 위 1항의 금액에 대하여 ○○○○. ○○. ○○.부터 지급명령결정정본 송달일까지는 연 5%의, 그 다음날부터 다 갚는 날까지 연 12%의 비율에 의한 금원.

3. 독촉절차 비용 64,900원(내역 : 송달료 62,400원, 인지대 2,500원)

신 청 이 유

1. 채권자는 ○○○○. ○○. ○○. 채무자 소유의 전라북도 정읍시 ○○로 ○○, ○○오피스텔 ○○○○호 ○○.○○㎡에 대하여 보증금 5,000,000원, 월임대료 440,000원, 임대차기간 계약일로부터 12개월(1년간)으로 정하여 임대차계약을 체결한 사실이 있습니다.

2. 채권자는 임대차기간이 만료되기 전부터 채무자에게 내용증명을 발송하면서 더 이상 임대차계약의 기간을 갱신할 생각이 없고, 계약기간이 종료되면 이 사건의 보증금을 반환해 달라고 통고하였음에도 불구하고 채무자는 이제 와서 채권자에게 세를 놓고 보증금을 빼가라면서 보증금을 반환하지 않아 채권자로서는 지방으로 급히 이사를 할 수밖에 없어서 이 사건 오피스텔을 계약기간이 종료하는 ○○○○. ○○. ○○. 채무자에게 인도하였으나 현재에 이르기까지 위 보증금을 반환하지 않고 있습니다.

3. 따라서 채권자는 채무자로부터 위 보증금 5,000,000원 및 이에 대한 채권

자가 이 사건 부동산을 채무자에게 인도한 그 다음날인 ○○○○. ○○. ○○.부터 이 사건 지급명령결정정본을 송달받은 날까지는 연 5%의, 그 다음 날부터 다 갚는 날까지는 소송촉진 등에 관한 특례법에서 정한 연 12%의 각 비율에 의한 이자, 지연손해금 및 독촉절차비용을 합한 금액의 지급을 받기 위하여 이 사건 신청에 이르렀습니다.

소 명 자 료 및 첨 부 서 류

1. 소 갑제1호증   오피스텔임대차계약서

1. 소 갑제2호증   내용증명통고서

○○○○ 년 ○○ 월 ○○ 일

위 채권자 : ○○○(인)

전주지방법원 정읍지원 귀중

당 사 자 표 시

1. 채권자

성 명	○ ○ ○	주민등록번호	생략
주 소	전라북도 정읍시 ○○로 ○○, ○○오피스텔 ○○○호		
직 업	회사원	사무실 주 소	생략
전 화	(휴대폰) 010 - 8789 - 0000		
기타사항	이 사건 오피스텔에 대한 임차인입니다.		

2. 채무자

성 명	○ ○ ○	주민등록번호	생략
주 소	전주시 ○○구 ○○로 ○○, ○○○-○○○○호		
직 업	주부	사무실 주 소	생략
전 화	(휴대폰) 010 - 1276 - 0000		
기타사항	이 사건 오피스텔의 임대인입니다.		

3. 월세보증금반환 청구의 독촉사건

신 청 취 지

채무자는 채권자에게 아래의 청구금액 및 독촉절차비용을 지급하라.

라는 지급명령을 구합니다.

1. 금 5,000,000원

2. 위 1항의 금액에 대하여 ○○○○. ○○. ○○.부터 지급명령결정정본 송달일까지는 연 5%의, 그 다음날부터 다 갚는 날까지 연 12%의 비율에 의한 금원.

3. 독촉절차 비용 64,900원(내역 : 송달료 62,400원, 인지대 2,500원)

신 청 이 유

1. 채권자는 ○○○○. ○○. ○○. 채무자 소유의 전라북도 정읍시 ○○로 ○○, ○○오피스텔 ○○○○호 ○○.○○㎡에 대하여 보증금 5,000,000원, 월임대료 440,000원, 임대차기간 계약일로부터 12개월(1년간)으로 정하여 임대차계약을 체결한 사실이 있습니다.

2. 채권자는 임대차기간이 만료되기 전부터 채무자에게 내용증명을 발송하면서 더 이상 임대차계약의 기간을 갱신할 생각이 없고, 계약기간이 종료되면 이 사건의 보증금을 반환해 달라고 통고하였음에도 불구하고 채무자는 이제 와서 채권자에게 세를 놓고 보증금을 빼가라면서 보증금을 반환하지 않아 채권자로서는 지방으로 급히 이사를 할 수밖에 없어서 이 사건 오피스텔을 계약기간이 종료하는 ○○○○. ○○. ○○. 채무자에게 인도하였으나 현재에 이르기까지 위 보증금을 반환하지 않고 있습니다.

3. 따라서 채권자는 채무자로부터 위 보증금 5,000,000원 및 이에 대한 채권

자가 이 사건 부동산을 채무자에게 인도한 그 다음날인 ○○○○. ○○. ○○.부터 이 사건 지급명령결정정본을 송달받은 날까지는 연 5%의, 그 다음 날부터 다 갚는 날까지는 소송촉진 등에 관한 특례법에서 정한 연 12%의 각 비율에 의한 이자, 지연손해금 및 독촉절차비용을 합한 금액의 지급을 받기 위하여 이 사건 신청에 이르렀습니다.

- 끝 -

(14) 지급명령신청서 - 대여금 청구 200만 원을 빌려가고 차일피일 지체하며 지급하지 않고 있어 지급을 구하는 지급명령신청서 최신서식

지 급 명 령 신 청 서

채 권 자 : ○ ○ ○

채 무 자 : ○ ○ ○

소송물 가액금	금 2,000,000 원
첨부할 인지액	금 1,000 원
첨부한 인지액	금 1,000 원
납부한 송달료	금 62,400원
비 고	

수원지방법원 평택지원 귀중

지급명령신청서

1. 채권자

성 명	○ ○ ○	주민등록번호	-
주 소	경기도 평택시 ○○로 ○○, ○○○-○○○○호			
직 업	상업	사무실 주 소	생략
전 화	(휴대폰) 010 - 1267 - 0000			
기타사항	이 사건 채권자입니다.			

2. 채무자

성 명	○ ○ ○	주민등록번호	생략
주 소	경기도 평택시 ○○로 ○○, ○○○호			
직 업	생략	사무실 주 소	생략
전 화	(휴대폰) 010 - 6123 - 0000			
기타사항	이 사건 채무자입니다.			

3. 대여금 청구의 독촉사건

신 청 취 지

채무자는 채권자에게 아래의 청구금액 및 독촉절차비용을 지급하라.

라는 지급명령을 구합니다.

1. 금 2,000,000원

2. 위 1항의 금액에 대하여 지급명령결정정본이 송달된 그 다음날부터 다 갚는 날까지 연 12%의 비율에 의한 금원.

3. 독촉절차 비용 63,400원(내역 : 송달료 62,400원, 인지대 1,000원)

신 청 이 유

1. 채권자는 ○○○○. ○○. ○○. 채무자의 간곡한 요청에 의하여 차용증을 받지 아니하고 채무자의 거래은행으로 별지첨부 한 현금자동입출금기 거래명세표와 같이 1회에 걸쳐 2,000,000원을 송금하고 빌려줬는데 변제하기로 한 지급기일이 훨씬 지나도록 차일피일 지체하면서 이를 변제하지 않고 있습니다.

2. 따라서 채권자는 채무자에게 수차에 걸쳐 변제를 독촉하였으나 차일피일 변제를 미루어 오다가 이제는 아예 전화연락이 두절된 상태입니다.

3. 채권자는 채무자로부터 위 대여금 2,000,000원 및 이에 대한 이 사건 지급명령정본을 송달받은 그 다음날부터 다 갚는 날까지는 소송촉진 등에 관한 특례법에서 정한 연 12%의 각 비율에 의한 이자와 지연손해금 및 독촉절차 비용을 합한 금액의 지급을 받기 위하여 이 사건 지급명령신청에 이르렀습니다.

소 명 자 료 및 첨 부 서 류

1. 소 갑제1호증   현금자동입출금기 거래명세표

○○○○ 년 ○○ 월 ○○ 일

위 채권자 : ○ ○ ○   (인)

수원지방법원 평택지원 귀중

당 사 자 표 시

1. 채권자

성 명	○ ○ ○	주민등록번호	-
주 소	경기도 평택시 ○○로 ○○, ○○○-○○○○호		
직 업	상업	사무실 주 소	생략
전 화	(휴대폰) 010 - 1267 - 0000		
기타사항	이 사건 채권자입니다.		

2. 채무자

성 명	○ ○ ○	주민등록번호	생략
주 소	경기도 평택시 ○○로 ○○, ○○○호		
직 업	생략	사무실 주 소	생략
전 화	(휴대폰) 010 - 6123 - 0000		
기타사항	이 사건 채무자입니다.		

3. 대여금 청구의 독촉사건

신 청 취 지

채무자는 채권자에게 아래의 청구금액 및 독촉절차비용을 지급하라.

라는 지급명령을 구합니다.

1. 금 2,000,000원

2. 위 1항의 금액에 대하여 지급명령결정정본이 송달된 그 다음날부터 다 갚는 날까지 연 12%의 비율에 의한 금원.

3. 독촉절차 비용 63,400원(내역 : 송달료 62,400원, 인지대 1,000원)

신 청 이 유

1. 채권자는 ○○○○. ○○. ○○. 채무자의 간곡한 요청에 의하여 차용증을 받지 아니하고 채무자의 거래은행으로 별지첨부 한 현금자동입출금기 거래명세표와 같이 1회에 걸쳐 2,000,000원을 송금하고 빌려줬는데 변제하기로 한 지급기일이 훨씬 지나도록 차일피일 지체하면서 이를 변제하지 않고 있습니다.

2. 따라서 채권자는 채무자에게 수차에 걸쳐 변제를 독촉하였으나 차일피일 변제를 미루어 오다가 이제는 아예 전화연락이 두절된 상태입니다.

3. 채권자는 채무자로부터 위 대여금 2,000,000원 및 이에 대한 이 사건 지급명령정본을 송달받은 그 다음날부터 다 갚는 날까지는 소송촉진 등에 관한 특례법에서 정한 연 12%의 각 비율에 의한 이자와 지연손해금 및 독촉절차비용을 합한 금액의 지급을 받기 위하여 이 사건 지급명령신청에 이르렀습니다.

- 끝 -

(15) 지급명령신청서 - 공사대금 청구 설치공사대금 100만 원을 차일치일 지체하며 지급하지 않아 청구하는 지급명령신청서 최신서식

지 급 명 령 신 청 서

채 권 자 : ○ ○ ○

채 무 자 : ○ ○ ○

소송물 가액금	금 1,000,000 원
첨부할 인지액	금 1,000 원
첨부한 인지액	금 1,000 원
납부한 송달료	금 62,400원
비 고	

광주지방법원 폭포지원 귀중

지급명령신청서

1. 채권자

성 명	○ ○ ○	주민등록번호	생략
주 소	전라남도 목포시 ○○로 ○○, ○○○-○○○호		
직 업	공업	사무실 주 소	생략
전 화	(휴대폰) 010 - 9223 - 0000		
기타사항	이 사건 채권자입니다.		

2. 채무자

성 명	○ ○ ○	주민등록번호	생략
주 소	전라남도 목포시 ○○로 ○○○, 제○○○호		
직 업	상업	사무실 주 소	생략
전 화	(휴대폰) 010 - 9876 - 0000		
기타사항	이 사건 채무자입니다.		

3. 공사대금 청구의 독촉사건

신 청 취 지

채무자는 채권자에게 아래의 청구금액 및 독촉절차비용을 지급하라.

라는 지급명령을 구합니다.

1. 금 1,000,000원

2. 위 1항의 금액에 대하여 ○○○○. ○○. ○○.부터 지급명령결정정본 송달 일까지는 연 5%의, 그 다음날부터 다 갚는 날까지 연 12%의 비율에 의한 금원.

3. 독촉절차 비용 63,400원(내역 : 송달료 62,400원, 인지대 1,000원)

신 청 이 유

1. 채권자는 주소지에서 LPG가스 설치업을 하고 있고, 채무자는 주소지에서 식당을 운영하고 있습니다.

2. 채권자는 채무자의 요청에 의하여 채무자가 운영하는 식당내부에 각 테이블로 가스를 공급하는 작업을 1,500,000원에 하기로 하고 ○○○○. ○○. ○○.부터 ○○○○. ○○. ○○.까지 위 공사를 완료하고 채무자에게 인도하자 채무자는 총 공사비 1,500,000원 중에서 금 500,000원만 지급하고 나머지 금 1,000,000원을 현재에 이르기까지 차일피일 지체하면서 지급하지 않고 있습니다.

3. 따라서 채권자는 채무자로부터 위 공사대금 금 1,000,000원 및 이에 대하여 공사대금을 지급하기로 한 날의 그 다음날인 ○○○○. ○○. ○○.부터 이 사건 지급명령결정정본을 송달받은 날까지는 연 5%의, 그 다음날부터 다 갚는 날까지는 소송촉진 등에 관한 특례법에서 정한 연 12%의 각 비율에 의한 이자와 지연손해금 및 독촉절차비용을 합한 금액의 지급을 받기 위하여 이 사건 지급명령신청에 이르렀습니다.

소 명 자 료 및 첨 부 서 류

1. 소 갑제1호증   견적서

○○○○ 년 ○○ 월 ○○ 일

위 채권자 : ○○○(인)

광주지방법원 폭포지원 귀중

당 사 자 표 시

1. 채권자

성 명	○ ○ ○	주민등록번호	생략
주 소	전라남도 목포시 ○○로 ○○, ○○○-○○○호		
직 업	공업	사무실 주 소	생략
전 화	(휴대폰) 010 - 9223 - 0000		
기타사항	이 사건 채권자입니다.		

2. 채무자

성 명	○ ○ ○	주민등록번호	생략
주 소	전라남도 목포시 ○○로 ○○○, 제○○○호		
직 업	상업	사무실 주 소	생략
전 화	(휴대폰) 010 - 9876 - 0000		
기타사항	이 사건 채무자입니다.		

3. 공사대금 청구의 독촉사건

신 청 취 지

채무자는 채권자에게 아래의 청구금액 및 독촉절차비용을 지급하라.
라는 지급명령을 구합니다.

1. 금 1,000,000원

2. 위 1항의 금액에 대하여 ○○○○. ○○. ○○.부터 지급명령결정정본 송달 일까지는 연 5%의, 그 다음날부터 다 갚는 날까지 연 12%의 비율에 의한 금원.

3. 독촉절차 비용 63,400원(내역 : 송달료 62,400원, 인지대 1,000원)

신 청 이 유

1. 채권자는 주소지에서 LPG가스 설치업을 하고 있고, 채무자는 주소지에서 식당을 운영하고 있습니다.

2. 채권자는 채무자의 요청에 의하여 채무자가 운영하는 식당내부에 각 테이블로 가스를 공급하는 작업을 1,500,000원에 하기로 하고 ○○○○. ○○. ○○.부터 ○○○○. ○○. ○○.까지 위 공사를 완료하고 채무자에게 인도하자 채무자는 총 공사비 1,500,000원 중에서 금 500,000원만 지급하고 나머지 금 1,000,000원을 현재에 이르기까지 차일피일 지체하면서 지급하지 않고 있습니다.

3. 따라서 채권자는 채무자로부터 위 공사대금 금 1,000,000원 및 이에 대하여 공사대금을 지급하기로 한 날의 그 다음날인 ○○○○. ○○. ○○.부터 이 사건 지급명령결정정본을 송달받은 날까지는 연 5%의, 그 다음날부터 다 갚는 날까지는 소송촉진 등에 관한 특례법에서 정한 연 12%의 각 비율에 의한 이자와 지연손해금 및 독촉절차비용을 합한 금액의 지급을 받기 위하여 이 사건 지급명령신청에 이르렀습니다.

- 끝 -

(16) 지급명령신청서 - 공사대금 청구 공사대금 잔액 500만 원을 차일피일 지체하면서 지급하지 않아 청구하는 지급명령신청서 최신서식

지 급 명 령 신 청 서

채 권 자 : ○ ○ ○

채 무 자 : ○ ○ ○

소송물 가액금	금 5,000,000 원
첨부할 인지액	금 2,500 원
첨부한 인지액	금 2,500 원
납부한 송달료	금 62,400원
비 고	

대구지방법원 서부지원 귀중

지 급 명 령 신 청 서

1. 채권자

성 명	○ ○ ○	주민등록번호	생략
주 소	대구광역시 달서구 ○○로 ○○길 ○○, ○○○호		
직 업	공사업	사무실 주 소	생략
전 화	(휴대폰) 010 - 1123 - 0000		
기타사항	이 사건 채권자입니다.		

2. 채무자

성 명	○ ○ ○	주민등록번호	생략
주 소	대구광역시 서구 ○○로 ○○길 ○○, ○○○호		
직 업	상업	사무실 주 소	생략
전 화	(휴대폰) 010 - 9876 - 0000		
기타사항	이 사건 채무자입니다.		

3. 공사대금 청구의 독촉사건

신 청 취 지

채무자는 채권자에게 아래의 청구금액 및 독촉절차비용을 지급하라.

라는 지급명령을 구합니다.

1. 금 5,000,000원

2. 위 1항의 금액에 대하여 ○○○○. ○○. ○○.부터 지급명령결정정본 송달 일까지는 연 5%의, 그 다음날부터 다 갚는 날까지 연 12%의 비율에 의한 금원.

3. 독촉절차 비용 64,900원(내역 : 송달료 62,400원, 인지대 2,500원)

신 청 이 유

1. 채권자는 주소지에서 건축업을 하고 있고, 채무자는 주소지에서 상가건물을 대수선하던 건축주입니다.

2. 채권자는 채무자의 요청에 의하여 채무자 소유의 위 상가건물의 대수선공사장에서 조적공사를 6,000,000원에 하기로 약정하고 모두 공사를 ○○○○. ○○. ○○. 완료한 다음 채무자에게 인도하자 채무자는 총 6,000,000원의 공비대금 중에서 금 1,000,000원만 지급하고 나머지 금 5,000,000원을 현재에 이르기까지 차일피일 지체하면서 지급하지 않고 있습니다.

3. 따라서 채권자는 채무자로부터 위 공사대금 금 5,000,000원 및 이에 대하여 공사대금을 지급하기로 한 날의 그 다음날인 ○○○○. ○○. ○○.부터 이 사건 지급명령결정정본을 송달받은 날까지는 연 5%의, 그 다음날부터 다 갚는 날까지는 소송촉진 등에 관한 특례법에서 정한 연 12%의 각 비율에 의한 이자와 지연손해금 및 독촉절차비용을 합한 금액의 지급을 받기 위하여 이 사건 지급명령신청에 이르렀습니다.

소 명 자 료 및 첨 부 서 류

1. 소 갑제1호증   공사계약서

○○○○ 년 ○○ 월 ○○ 일

위 채권자 : ○ ○ ○   (인)

대구지방법원 서부지원 귀중

당 사 자 표 시

1. 채권자

성 명	○ ○ ○	주민등록번호	생략
주 소	대구광역시 달서구 ○○로 ○○길 ○○, ○○○호		
직 업	공사업	사무실 주 소	생략
전 화	(휴대폰) 010 - 1123 - 0000		
기타사항	이 사건 채권자입니다.		

2. 채무자

성 명	○ ○ ○	주민등록번호	생략
주 소	대구광역시 서구 ○○로 ○○길 ○○, ○○○호		
직 업	상업	사무실 주 소	생략
전 화	(휴대폰) 010 - 9876 - 0000		
기타사항	이 사건 채무자입니다.		

3. 공사대금 청구의 독촉사건

신 청 취 지

채무자는 채권자에게 아래의 청구금액 및 독촉절차비용을 지급하라.
라는 지급명령을 구합니다.

1. 금 5,000,000원

2. 위 1항의 금액에 대하여 ○○○○. ○○. ○○.부터 지급명령결정정본 송달 일까지는 연 5%의, 그 다음날부터 다 갚는 날까지 연 12%의 비율에 의한 금원.

3. 독촉절차 비용 64,900원(내역 : 송달료 62,400원, 인지대 2,500원)

신 청 이 유

1. 채권자는 주소지에서 건축업을 하고 있고, 채무자는 주소지에서 상가건물을 대수선하던 건축주입니다.

2. 채권자는 채무자의 요청에 의하여 채무자 소유의 위 상가건물의 대수선공사장에서 조적공사를 6,000,000원에 하기로 약정하고 모두 공사를 ○○○○. ○○. ○○. 완료한 다음 채무자에게 인도하자 채무자는 총 6,000,000원의 공비대금 중에서 금 1,000,000원만 지급하고 나머지 금 5,000,000원을 현재에 이르기까지 차일피일 지체하면서 지급하지 않고 있습니다.

3. 따라서 채권자는 채무자로부터 위 공사대금 금 5,000,000원 및 이에 대하여 공사대금을 지급하기로 한 날의 그 다음날인 ○○○○. ○○. ○○.부터 이 사건 지급명령결정정본을 송달받은 날까지는 연 5%의, 그 다음날부터 다 갚는 날까지는 소송촉진 등에 관한 특례법에서 정한 연 12%의 각 비율에 의한 이자와 지연손해금 및 독촉절차비용을 합한 금액의 지급을 받기 위하여 이 사건 지급명령신청에 이르렀습니다.

- 끝 -

(17) 지급명령신청서 - 월세보증금반환 청구 월세보증금 1,000만 원을 차일피일 지체하며 지급하지 않아 청구하는 지급명령신청서 최신서식

지 급 명 령 신 청 서

채 권 자 : ○ ○ ○

채 무 자 : ○ ○ ○

소송물 가액금	금	10,000,000 원
첨부할 인지액	금	5,000 원
첨부한 인지액	금	5,000 원
납부한 송달료	금	62,400원
비 고		

서울 남부지방법원 귀중

지 급 명 령 신 청 서

1. 채권자

성 명	○ ○ ○	주민등록번호	생략
주 소	서울시 영등포구 당산로 ○길 ○○, ○○오피스텔 ○○○호		
직 업	학생	사무실 주 소	생략
전 화	(휴대폰) 010 - 8789 - 0000		
기타사항	이 사건 오피스텔에 대한 임차인입니다.		

2. 채무자

성 명	○ ○ ○	주민등록번호	생략
주 소	서울시 양천구 ○○로 ○○길 ○○○, ○○○○호		
직 업	주부	사무실 주 소	생략
전 화	(휴대폰) 010 - 1276 - 0000		
기타사항	이 사건 오피스텔의 임대인입니다.		

3. 월세보증금반환 청구의 독촉사건

신 청 취 지

채무자는 채권자에게 아래의 청구금액 및 독촉절차비용을 지급하라.

라는 지급명령을 구합니다.

1. 금 10,000,000원

2. 위 1항의 금액에 대하여 ○○○○. ○○. ○○.부터 지급명령결정정본 송달 일까지는 연 5%의, 그 다음날부터 다 갚는 날까지 연 12%의 비율에 의한 금원.

3. 독촉절차 비용 67,400원(내역 : 송달료 62,400원, 인지대 5,000원)

신 청 이 유

1. 채권자는 ○○○○. ○○. ○○. 채무자 소유의 경기도 안양시 ○○구 ○○로 ○○, ○○오피스텔 ○○○○호 ○○.○○㎡에 대하여 보증금 10,000,000원, 월임대료 550,000원, 임대차기간 계약일로부터 12개월(1년간)으로 정하여 임대차계약을 체결한 사실이 있습니다.

2. 채권자는 임대차기간이 만료되기 전부터 채무자에게 내용증명을 발송하면서 더 이상 임대차계약의 기간을 갱신할 생각이 없고, 계약기간이 종료되면 이 사건의 보증금을 반환해 달라고 통고하였음에도 불구하고 채무자는 이제 와서 채권자에게 세를 놓고 보증금의 반환을 거론하면서 보증금을 반환하지 않아 채권자로서는 지방으로 급히 이사를 할 수밖에 없어서 이 사건 오피스텔을 계약기간이 종료하는 ○○○○. ○○. ○○. 채무자에게 인도하였으나 현재에 이르기까지 위 보증금을 반환하지 않고 있습니다.

3. 따라서 채권자는 채무자로부터 위 보증금 10,000,000원 및 이에 대한 채권자가 이 사건 부동산을 채무자에게 인도한 그 다음날인 ○○○○. ○○. ○

○.부터 이 사건 지급명령결정정본을 송달받은 날까지는 연 5%의, 그 다음 날부터 다 갚는 날까지는 소송촉진 등에 관한 특례법에서 정한 연 12%의 각 비율에 의한 이자, 지연손해금 및 독촉절차비용을 합한 금액의 지급을 받기 위하여 이 사건 신청에 이르렀습니다.

소 명 자 료 및 첨 부 서 류

1. 소 갑제1호증   오피스텔임대차계약서

1. 소 갑제2호증   내용증명통고서

○○○○ 년 ○○ 월 ○○ 일

위 채권자 : ○○○(인)

서울 남부지방법원 귀중

당 사 자 표 시

1. 채권자

성 명	○ ○ ○	주민등록번호	생략
주 소	서울시 영등포구 당산로 ○길 ○○, ○○오피스텔 ○○○호		
직 업	학생	사무실 주 소	생략
전 화	(휴대폰) 010 - 8789 - 0000		
기타사항	이 사건 오피스텔에 대한 임차인입니다.		

2. 채무자

성 명	○ ○ ○	주민등록번호	생략
주 소	서울시 양천구 ○○로 ○○길 ○○○, ○○○○호		
직 업	주부	사무실 주 소	생략
전 화	(휴대폰) 010 - 1276 - 0000		
기타사항	이 사건 오피스텔의 임대인입니다.		

3. 월세보증금반환 청구의 독촉사건

신 청 취 지

채무자는 채권자에게 아래의 청구금액 및 독촉절차비용을 지급하라.

라는 지급명령을 구합니다.

1. 금 10,000,000원

2. 위 1항의 금액에 대하여 ○○○○. ○○. ○○.부터 지급명령결정정본 송달일까지는 연 5%의, 그 다음날부터 다 갚는 날까지 연 12%의 비율에 의한 금원.

3. 독촉절차 비용 67,400원(내역 : 송달료 62,400원, 인지대 5,000원)

신 청 이 유

1. 채권자는 ○○○○. ○○. ○○. 채무자 소유의 경기도 안양시 ○○구 ○○로 ○○, ○○오피스텔 ○○○○호 ○○.○○㎡에 대하여 보증금 10,000,000원, 월임대료 550,000원, 임대차기간 계약일로부터 12개월(1년간)으로 정하여 임대차계약을 체결한 사실이 있습니다.

2. 채권자는 임대차기간이 만료되기 전부터 채무자에게 내용증명을 발송하면서 더 이상 임대차계약의 기간을 갱신할 생각이 없고, 계약기간이 종료되면 이 사건의 보증금을 반환해 달라고 통고하였음에도 불구하고 채무자는 이제 와서 채권자에게 세를 놓고 보증금의 반환을 거론하면서 보증금을 반환하지 않아 채권자로서는 지방으로 급히 이사를 할 수밖에 없어서 이 사건 오피스텔을 계약기간이 종료하는 ○○○○. ○○. ○○. 채무자에게 인도하였으나 현재에 이르기까지 위 보증금을 반환하지 않고 있습니다.

3. 따라서 채권자는 채무자로부터 위 보증금 10,000,000원 및 이에 대한 채권

자가 이 사건 부동산을 채무자에게 인도한 그 다음날인 ○○○○. ○○. ○○.부터 이 사건 지급명령결정정본을 송달받은 날까지는 연 5%의, 그 다음 날부터 다 갚는 날까지는 소송촉진 등에 관한 특례법에서 정한 연 12%의 각 비율에 의한 이자, 지연손해금 및 독촉절차비용을 합한 금액의 지급을 받기 위하여 이 사건 신청에 이르렀습니다.

- 끝 -

(18) 지급명령신청서 - 물품대금 청구 농산물을 판매하였으나 잔액을 차일피일 지체하며 지급하지 않아 청구하는 지급명령신청서 최신서식

지 급 명 령 신 청 서

채 권 자 : ○ ○ ○

채 무 자 : ○ ○ ○

소송물 가액금	금	3,000,000 원
첨부할 인지액	금	1,500 원
첨부한 인지액	금	1,500 원
납부한 송달료	금	62,400원
비 고		

제주지방법원 서귀포시법원 귀중

지급명령신청서

1. 채권자

성 명	○ ○ ○	주민등록번호	생략
주 소	제주특별자치도 서귀포시 일주동로 ○○, ○○-○○○호		
직 업	농업	사무실 주 소	생략
전 화	(휴대폰) 010 - 9909 - 0000		
기타사항	이 사건 채권자입니다.		

2. 채무자

성 명	○ ○ ○	주민등록번호	생략
주 소	제주특별자치도 서귀포시 일주동로 ○○○,		
직 업	상업	사무실 주 소	생략
전 화	(휴대폰) 010 - 2789 - 0000		
기타사항	이 사건 채무자입니다.		

3. 물품대금 청구의 독촉사건

신 청 취 지

채무자는 채권자에게 아래의 청구금액 및 독촉절차비용을 지급하라.

라는 지급명령을 구합니다.

1. 금 3,000,000원

2. 위 1항의 금액에 대하여 ○○○○. ○○. ○○.부터 지급명령결정정본 송달 일까지는 연 5%의, 그 다음날부터 다 갚는 날까지 연 12%의 비율에 의한 금원.

3. 독촉절차 비용 63,900원(내역 : 송달료 62,400원, 인지대 1,500원)

신 청 이 유

1. 채권자는 주소지에서 제주감귤을 재배하는 농민이고, 채무자는 주소지에서 제주감귤을 육지로 판매하는 자인데 채무자가 채권자에게 ○○○○. ○○. ○○. 찾아와 채권자가 재배한 감귤 250박스를 총 4,000,000원에 공급해 달라고 해서 채권자는 ○○○○. ○○. ○○.부터 ○○○○. ○○. ○○.까지 감귤 총 250박스를 모두 납품하였으나 채무자는 ○○○○.○○. ○○. 총 4,000,000원 중 금 1,000,000원만 지급하고 나머지 금 3,000,000원을 차일피일 지체하면서 현재에 이르기까지 지급하지 않고 있습니다.

2. 따라서 채권자는 채무자로부터 위 물품대금 금 3,000,000원 및 이에 대하여 물품대금을 지급하기로 한 날의 그 다음날인 ○○○○. ○○. ○○.부터 이 사건 지급명령결정정본을 송달받은 날까지는 연 5%의, 그 다음날부터 다 갚는 날까지는 소송촉진 등에 관한 특례법에서 정한 연 12%의 각 비율에 의한 이자와 지연손해금 및 독촉절차비용을 합한 금액의 지급을 받기 위하여 이 사건 지급명령신청에 이르렀습니다.

소명자료 및 첨부서류

1. 소 갑제1호증　　　　　　물품인수증

1. 인지대 및 송달료 납부서　　첨부

○○○○ 년 ○○ 월 ○○ 일

위 채권자 : ○　○　○　　(인)

제주지방법원 서귀포시법원 귀중

당 사 자 표 시

1. 채권자

성 명	○ ○ ○	주민등록번호	생략
주 소	제주특별자치도 서귀포시 일주동로 ○○, ○○-○○○호		
직 업	농업	사무실 주 소	생략
전 화	(휴대폰) 010 - 9909 - 0000		
기타사항	이 사건 채권자입니다.		

2. 채무자

성 명	○ ○ ○	주민등록번호	생략
주 소	제주특별자치도 서귀포시 일주동로 ○○○,		
직 업	상업	사무실 주 소	생략
전 화	(휴대폰) 010 - 2789 - 0000		
기타사항	이 사건 채무자입니다.		

3. 물품대금 청구의 독촉사건

신 청 취 지

채무자는 채권자에게 아래의 청구금액 및 독촉절차비용을 지급하라.
라는 지급명령을 구합니다.

1. 금 3,000,000원

2. 위 1항의 금액에 대하여 ○○○○. ○○. ○○.부터 지급명령결정정본 송달 일까지는 연 5%의, 그 다음날부터 다 갚는 날까지 연 12%의 비율에 의한 금원.

3. 독촉절차 비용 63,900원(내역 : 송달료 62,400원, 인지대 1,500원)

신 청 이 유

1. 채권자는 주소지에서 제주감귤을 재배하는 농민이고, 채무자는 주소지에서 제주감귤을 육지로 판매하는 자인데 채무자가 채권자에게 ○○○○. ○○. ○○. 찾아와 채권자가 재배한 감귤 250박스를 총 4,000,000원에 공급해 달라고 해서 채권자는 ○○○○. ○○. ○○.부터 ○○○○. ○○. ○○.까지 감귤 총 250박스를 모두 납품하였으나 채무자는 ○○○○.○○. ○○. 총 4,000,000원 중 금 1,000,000원만 지급하고 나머지 금 3,000,000원을 차일피일 지체하면서 현재에 이르기까지 지급하지 않고 있습니다.

2. 따라서 채권자는 채무자로부터 위 물품대금 금 3,000,000원 및 이에 대하여 물품대금을 지급하기로 한 날의 그 다음날인 ○○○○. ○○. ○○.부터 이 사건 지급명령결정정본을 송달받은 날까지는 연 5%의, 그 다음날부터 다 갚는 날까지는 소송촉진 등에 관한 특례법에서 정한 연 12%의 각 비율에 의한 이자와 지연손해금 및 독촉절차비용을 합한 금액의 지급을 받기 위하여 이 사건 지급명령신청에 이르렀습니다.

- 끝 -

(19) 지급명령신청서 - 대여금 청구 1,000만 원 차용증 쓰고 빌려준 돈을 차일피일 지체하며 갚지 않아 청구하는 지급명령신청서 최신서식

지 급 명 령 신 청 서

채 권 자 : ○ ○ ○

채 무 자 : ○ ○ ○

소송물 가액금	금	10,000,000 원
첨부할 인지액	금	5,000 원
첨부한 인지액	금	5,000 원
납부한 송달료	금	62,400원
비 고		

순천지원 고흥군법원 귀중

지 급 명 령 신 청 서

1. 채권자

성 명	○ ○ ○	주민등록번호	생략
주 소	전라남도 고흥군 고흥읍 터미널 ○길 ○○, ○○○호		
직 업	상업	사무실 주 소	생략
전 화	(휴대폰) 010 - 2345 - 0000		
기타사항	이 사건 채권자입니다.		

2. 채무자

성 명	○ ○ ○	주민등록번호	생략
주 소	전라남도 고흥군 ○○면 ○○로 ○길 ○○○, ○○호		
직 업	상업	사무실 주 소	생략
전 화	(휴대폰) 010 - 9870 - 0000		
기타사항	이 사건 채무자입니다.		

3. 대여금 청구의 독촉사건

신 청 취 지

채무자는 채권자에게 아래의 청구금액 및 독촉절차비용을 지급하라.

라는 지급명령을 구합니다.

1. 금 10,000,000원

2. 위 1항의 금액에 대하여 ○○○○. ○○. ○○.부터 지급명령결정정본 송달 일까지는 연 18%의, 그 다음날부터 다 갚는 날까지 연 12%의 비율에 의한 금원.

3. 독촉절차 비용 67,400원(내역 : 송달료 62,400원, 인지대 5,000원)

신 청 이 유

1. 채권자는 ○○○○. ○○. ○○. 채무자의 간곡한 요청에 의하여 채무자로부터 차용증을 교부받고 금 10,000,000원을 빌려주면서 변제기일은 ○○○○. ○○. ○○.까지 이자는 매월 1.5%를 말일에 지급받기로 하고 대여한 사실이 있습니다.

2. 채무자는 위 대여금에 대한 지급기일이 훨씬 지나도록 조금만 기다려 달라며 변제를 미루어 오다가 현재에 이르기까지 위 대여금의 원리금을 지급하지 않고 있습니다.

3. 따라서 채권자는 채무자로부터 위 대여금 10,000,000원 및 이에 대한 ○○○○. ○○. ○○.부터 이 사건 지급명령결정정본을 송달 받은 날까지는 약정한 이자인 연 18%(계산의 편의상 월 1.5%를 연단위로 환산하였습니다)의, 그 다음날부터 다 갚는 날까지는 소송촉진 등에 관한 특례법에서 정한 연 12%의 각 비율에 의한 이자, 지연손해금 및 독촉절차비용을 합한 금액의 지급을 받기 위하여 이 사건 신청에 이르렀습니다.

소 명 자 료 및 첨 부 서 류

1. 소 갑제1호증   차용증

○○○○ 년 ○○ 월 ○○ 일

위 채권자 : ○ ○ ○   (인)

순천지원 고흥군법원 귀중

당 사 자 표 시

1. 채권자

성 명	○ ○ ○	주민등록번호	생략
주 소	전라남도 고흥군 고흥읍 터미널 ○길 ○○, ○○○호		
직 업	상업	사무실 주 소	생략
전 화	(휴대폰) 010 - 2345 - 0000		
기타사항	이 사건 채권자입니다.		

2. 채무자

성 명	○ ○ ○	주민등록번호	생략
주 소	전라남도 고흥군 ○○면 ○○로 ○길 ○○○, ○○호		
직 업	상업	사무실 주 소	생략
전 화	(휴대폰) 010 - 9870 - 0000		
기타사항	이 사건 채무자입니다.		

3. 대여금 청구의 독촉사건

신 청 취 지

채무자는 채권자에게 아래의 청구금액 및 독촉절차비용을 지급하라.
라는 지급명령을 구합니다.

1. 금 10,000,000원

2. 위 1항의 금액에 대하여 ○○○○. ○○. ○○.부터 지급명령결정정본 송달 일까지는 연 18%의, 그 다음날부터 다 갚는 날까지 연 12%의 비율에 의한 금원.

3. 독촉절차 비용 67,400원(내역 : 송달료 62,400원, 인지대 5,000원)

신 청 이 유

1. 채권자는 ○○○○. ○○. ○○. 채무자의 간곡한 요청에 의하여 채무자로부터 차용증을 교부받고 금 10,000,000원을 빌려주면서 변제기일은 ○○○○. ○○. ○○.까지 이자는 매월 1.5%를 말일에 지급받기로 하고 대여한 사실이 있습니다.

2. 채무자는 위 대여금에 대한 지급기일이 훨씬 지나도록 조금만 기다려 달라며 변제를 미루어 오다가 현재에 이르기까지 위 대여금의 원리금을 지급하지 않고 있습니다.

3. 따라서 채권자는 채무자로부터 위 대여금 10,000,000원 및 이에 대한 ○○○○. ○○. ○○.부터 이 사건 지급명령결정정본을 송달 받은 날까지는 약정한 이자인 연 18%(계산의 편의상 월 1.5%를 연단위로 환산하였습니다)의, 그 다음날부터 다 갚는 날까지는 소송촉진 등에 관한 특례법에서 정한 연 12%의 각 비율에 의한 이자, 지연손해금 및 독촉절차비용을 합한 금액의 지급을 받기 위하여 이 사건 신청에 이르렀습니다.

- 끝 -

(20) 지급명령신청서 - 임대차보증금반환 청구 보증금을 차일피일 지체하면서 반환하지 않고 있어 청구하는 지급명령신청서 최신서식

지 급 명 령 신 청 서

채 권 자 : ○ ○ ○

채 무 자 : ○ ○ ○

소송물 가액금	금	200,000,000 원
첨부할 인지액	금	85,500 원
첨부한 인지액	금	85,500 원
납부한 송달료	금	62,400원
비 고		

의정부지방법원 고양지원 귀중

지 급 명 령 신 청 서

1. 채권자

성 명	○ ○ ○	주민등록번호	생략
주 소	경기도 고양시 일산구 ○○로 ○○, ○○○-○○○○호		
직 업	상업	사무실 주 소	생략
전 화	(휴대폰) 010 - 8876 - 0000		
기타사항	이 사건 임차인입니다.		

2. 채무자

성 명	○ ○ ○	주민등록번호	생략
주 소	경기도 고양시 덕양구 ○○로 ○○, ○○○호		
직 업	주부	사무실 주 소	생략
전 화	(휴대폰) 010 - 9876 - 0000		
기타사항	이 사건 임대인입니다.		

3. 임대차보증금반환 청구의 독촉사건

신 청 취 지

채무자는 채권자에게 아래의 청구금액 및 독촉절차비용을 지급하라.

라는 지급명령을 구합니다.

1. 금 200,000,000원

2. 위 1항의 금액에 대하여 ○○○○. ○○. ○○.부터 지급명령결정정본이 송달된 날까지는 연 5%의, 그 다음날부터 다 갚는 날까지 연 12%의 비율에 의한 금원.

3. 독촉절차 비용 147,900원(내역 : 송달료 62,400원, 인지대 85,500원)

신 청 이 유

1. 채권자는 ○○○○. ○○. ○○. 채무자 소유의 경기도 고양시 일산구 ○○로 ○○, ○○아파트 ○○○동 ○○○○호 ○○.○○○㎡에 대하여 임대차계약을 체결하고, 보증금 200,000,000원, 임대차기간 계약일로부터 24개월(2년간)으로 정하여 임대차계약을 체결하고 이 사건 부동산을 인도받아 점유하고 있습니다.

2. 채권자는 위 임대차계약기간이 만료되기 1개월 전부터 채무자에게 내용증명을 발송하고 더 이상 임대차계약을 갱신할 생각이 없다고 통지하고 임대차계약기간이 종료되면 즉시 임대차보증금을 반환해 줄 것을 통고하였음에도 불구하고 채무자는 위 임대차계약기간이 만료된 지금에 이르러 채권자에게 세를 놓고 위 임대차보증금을 빼가라는 태도를 보이면서 위 임대차보증금을 반환하지 않고 있습니다.

3. 따라서 채권자는 채무자로부터 위 임대차보증금 200,000,000원 및 이에 대

한 임대차계약기간이 만료된 다음날인 ○○○○. ○○. ○○.부터 이 사건 지급명령결정정본을 송달받은 날까지는 연 5%의, 그 다음날부터 다 갚는 날까지는 소송촉진 등에 관한 특례법에서 정한 연 12%의 각 비율에 의한 이자, 지연손해금 및 독촉절차비용을 합한 금액의 지급을 받기 위하여 이 사건 신청에 이르렀습니다.

소 명 자 료 및 첨 부 서 류

1. 소 갑제1호증   전세계약서

1. 소 갑제2호증   내용증명통고서

1. 인지대 및 송달요 납부서   첨부

○○○○ 년 ○○ 월 ○○ 일

위 채권자 : ○○○(인)

의정부지방법원 고양지원 귀중

당 사 자 표 시

1. 채권자

성 명	○ ○ ○	주민등록번호	생략
주 소	경기도 고양시 일산구 ○○로 ○○, ○○○-○○○○호		
직 업	상업	사무실 주 소	생략
전 화	(휴대폰) 010 - 8876 - 0000		
기타사항	이 사건 임차인입니다.		

2. 채무자

성 명	○ ○ ○	주민등록번호	생략
주 소	경기도 고양시 덕양구 ○○로 ○○, ○○○호		
직 업	주부	사무실 주 소	생략
전 화	(휴대폰) 010 - 9876 - 0000		
기타사항	이 사건 임대인입니다.		

3. 임대차보증금반환 청구의 독촉사건

신 청 취 지

채무자는 채권자에게 아래의 청구금액 및 독촉절차비용을 지급하라.

라는 지급명령을 구합니다.

1. 금 200,000,000원

2. 위 1항의 금액에 대하여 ○○○○. ○○. ○○.부터 지급명령결정정본이 송달된 날까지는 연 5%의, 그 다음날부터 다 갚는 날까지 연 12%의 비율에 의한 금원.

3. 독촉절차 비용 147,900원(내역 : 송달료 62,400원, 인지대 85,500원)

신 청 이 유

1. 채권자는 ○○○○. ○○. ○○. 채무자 소유의 경기도 고양시 일산구 ○○로 ○○, ○○아파트 ○○○동 ○○○○호 ○○.○○○㎡에 대하여 임대차계약을 체결하고, 보증금 200,000,000원, 임대차기간 계약일로부터 24개월(2년간)으로 정하여 임대차계약을 체결하고 이 사건 부동산을 인도받아 점유하고 있습니다.

2. 채권자는 위 임대차계약기간이 만료되기 1개월 전부터 채무자에게 내용증명을 발송하고 더 이상 임대차계약을 갱신할 생각이 없다고 통지하고 임대차계약기간이 종료되면 즉시 임대차보증금을 반환해 줄 것을 통고하였음에도 불구하고 채무자는 위 임대차계약기간이 만료된 지금에 이르러 채권자에게 세를 놓고 위 임대차보증금을 빼가라는 태도를 보이면서 위 임대차보증금을 반환하지 않고 있습니다.

3. 따라서 채권자는 채무자로부터 위 임대차보증금 200,000,000원 및 이에 대

한 임대차계약기간이 만료된 다음날인 ○○○○. ○○. ○○.부터 이 사건 지급명령결정정본을 송달받은 날까지는 연 5%의, 그 다음날부터 다 갚는 날까지는 소송촉진 등에 관한 특례법에서 정한 연 12%의 각 비율에 의한 이자, 지연손해금 및 독촉절차비용을 합한 금액의 지급을 받기 위하여 이 사건 신청에 이르렀습니다.

- 끝 -

(21) 특별송달신청서 - 우편집배원 송달을 하였으나 채무자가 야간이나 공휴일에 주소지에 거주하여 집행관으로 하여금 송달하는 특별송달 신청서 최신서식

특 별 송 달 신 청 서

사 건 번 호 : ○○○○차○○○○호 대여금청구 독촉사건

채 권 자 : ○ ○ ○

채 무 자 : ○ ○ ○

○○○○ 년 ○○ 월 ○○ 일

위 채권자 : ○○○(인)

인천지방법원 독촉계 귀중

특 별 송 달 신 청 서

사 건 번 호 : ○○○○차○○○○호 대여금청구 독촉사건

채 권 자 : ○ ○ ○

채 무 자 : ○ ○ ○

위 당사자 간 귀원 ○○○○차○○○○호 대여금 청구 독촉사건에 관하여 채권자는 아래의 사유로 채무자에 대한 폐문부재로 송달불능인바, 야간 또는 공휴일을 이용하여 송달을 하고자 특별송달신청을 합니다.

- 아 래 -

채무자 : ○ ○ ○(주민등록번호 :   )
　　　　주소 : **인천시 ○○구 ○○로 ○○, ○○빌라 ○○동 ○○○호**
　　　　현재 : **폐문부재(채무자는 귀가시간이 늦은 시간대로 야간이나 공휴일을 이용해 송달이 가능합니다)**

1. 위 사건에 관하여 채무자의 주소지로 지급명령정본을 송달하였으나 우편집배원의 송달불능보고 이유에 의하면 채무자가 폐문부재로 송달불능 되어 주소보정명령을 받았습니다.

2. 채권자가 알아 본 바에 의하면 채무자는 아침 일찍부터 직장에 출근하고 늦은 시간대에 퇴근하는 것으로 밝혀져 평일 근무시간에는 지급명령신청 기재

의 채무자는 주소지에 전혀 거주하지 않고 있으므로 지급명령정본을 송달할 수 없습니다.

3. 채무자는 직장에서 근무를 마치고 늦은 시간대나 공휴일에만 지급명령신청 기재의 채무자 주소지에 거주하고 있으므로 귀원 소속 집행관으로 하여금 야간이나 공휴일을 이용하여 지급명령정본을 채무자에게 송달하기 위해 위와 같이 특별송달신청에 이른 것이오니 허가하여 주시기 바랍니다.

소 명 자 료 및 첨 부 서 류

1. 집행관수수료(예납한 송달요금으로 대체할 수 있고, 부족할 경우 추가 납부하여야 합니다)   1통

○○○○ 년 ○○ 월 ○○ 일

위 채권자 : ○○○(인)

인천지방법원 독촉계 귀중

(22) 보충송달신청서 - 채무자의 주소지로 송달이 되지 않아 채무자가 근무하는 장소에서 고용인에게 지급명령을 송달하기 위한 보충송달신청서 최신서식

보 충 송 달 신 청 서

사 건 번 호 : ○○○○차○○○○호 판매대금 청구 독촉사건

채 권 자 : ○ ○ ○

채 무 자 : ○ ○ ○

○○○○ 년 ○○ 월 ○○ 일

위 채권자 : ○○○(인)

수원지방법원 안산지원 귀중

보충송달신청서

사 건 번 호 : ○○○○차○○○○호 판매대금 청구 독촉사건

채 권 자 : ○ ○ ○

채 무 자 : ○ ○ ○

위 당사자 간 귀원 ○○○○차○○○○호 판매대금 청구 독촉사건에 관하여 채권자는 채무자가 운영하는 사무소에 임하여 채무자의 고용인 등에게 아래와 같은 사유로 보충송달을 신청하오니 허가하여 주시기 바랍니다.

- 아 래 -

1. 채권자는 주소지에서 건축자재를 판매하고 있고. 채무자는 주소지에서 ○○건설이라는 개인 사업을 운영하면서 안산시내 여러 곳을 옮겨 다니면서 건축공사를 하고 있습니다.

2. 채권자는 채무자에게 ○○○○. ○○. ○○.부터 ○○○○. ○○. ○○.까지 총 21회에 걸쳐 채권자가 판매하는 시멘트 및 건축자재를 채무자가 건축하는 경기도 안산시 ○○구 ○○로 ○길 ○○○,소재 다세대주택을 건축하는 공사 현장에 금 ○○,○○○,○○○원의 자재를 판매하고 공급하였으나 현재에 이르기까지 그 판매대금을 지급하지 않고 있습니다.

3. 이에 채권자는 채무자를 상대로 ○○○○. ○○. ○○. 수원지방법원 안산지원

에 ○○○○차○○○○호로 판매대금 청구 독촉사건을 제기하였고, 법원은 지급명령에 기재된 바와 같이 채무자의 주소지로 지급명령정본을 송달하였으나 ○○○○. ○○. ○○. 우편집배원의 송달불능보고서에 의하면 장기간동안 폐문부재로 채무자를 도저히 만날 수 없어서 송달을 하지 못했다는 이유입니다.

4. 채권자가 채무자에게 송달할 수 있는 장소를 파악해 본 바에 의하면 채무자는 현재 경기도 안산시 ○○구 ○○로 ○○, 소재에서 역시 다세대주택을 건축하고 있는 것으로 밝혀졌습니다.

5. 이에 채권자는 민사소송법 제186조 제1항 근무 장소 이외의 송달할 장소에서 송달받을 사람을 만나지 못한 때에는 그 사무원·피용자 또는 동거인으로서 사리를 분별할 지능이 있는 사람에게 서류를 교부할 수 있고, 또한 민사소송법 제186조 제2항 근무 장소에서 송달받을 사람을 만나지 못한 때에는 그를 고용하고 있는 사람 또는 그 법정대리인이나 피용자 그 밖의 종업원으로서 사리를 분별할 지능이 있는 사람이 서류의 수령을 거부하지 아니하면 그에게 서류를 교부할 수 있다.라는 규정에 의하여 보충송달을 할 수 있습니다.

6. 따라서 채무자가 건축공사를 하면서 현재 근무하는 장소(경기도 안산시 ○○구 ○○로 ○○,)에서 채무자가 고용한 피용자, 종업원 등을 수령대리인으로 하여 이 사의 지급명령정본을 송달하고자 보충송달을 신청하기에 이른 것이오니 아울러 허가하여 주시기 바랍니다.

소 명 자 료 및 첨 부 서 류

1. 송달료 채권자가 이미 제출한 송달요금으로 보충송달을 해 주시기 바랍니다.

○○○○ 년 ○○ 월 ○○ 일

위 원고 : ○○○(인)

수원지방법원 안산지원 귀중

(23) 조우송달신청서 - 지급명령을 채무자 주소지로 송달할 수 없어 채무자가 수사기관에 출석하면 그 장소에서 송달하는 조우송달신청서 최신서식

조 우 송 달 신 청 서

사 건 번 호 : ○○○○차○○○○호 물품대금 청구 독촉사건

채 권 자 : ○ ○ ○

채 무 자 : ○ ○ ○

○○○○ 년 ○○ 월 ○○ 일

위 채권자 : ○○○(인)

광주지방법원 톡독촉계 귀중

조우송달신청서

사 건 번 호 : ○○○○차○○○○호 물품대금 청구 독촉사건

채 권 자 : ○ ○ ○

채 무 자 : ○ ○ ○

위 당사자 간 귀원 ○○○○차○○○○호 물품대금 청구 독촉사건에 관하여 채권자는 아래의 사유로 채무자에 대한 민사소송법 제183조(송달장소) 제4항에 따른 조우송달을 신청합니다.

- 아 래 -

피고 : ○ ○ ○(주민등록번호 :   )
    주소 : 광주광역시 ○○구 ○○로 ○○, ○○아파트 ○○○동 ○○○호
    현재 : 소재불명(주민등록만 주소지에 등재해놓고 다른 곳에서 거주하고 있으므로 송달할 장소를 알지 못합니다)

1. 위 채무자의 주민등록이 등재되어 있는 주소지는 위 주소지와 같으나 귀원에서 발송하는 지급명령이 송달되지 않아 채권자는 ○○○○. ○○. ○○. 귀원으로부터 주소보정명령을 받아 채무자의 주민등록초본을 발급받았는데 채

무자는 위 주소지에 그대로 거주하고 있어 채권자는 ○○○○. ○○. ○○.위 주소지로 재 송달을 신청하였으나 송달불능 되어 채권자는 다시 ○○○○. ○○. ○○. 집행관에 의한 특별송달신청을 하였으나 송달이 되지 않았으며 집행관의 송달 불능이유에 의하면 채무자가 주민등록만 등재해놓고 실제 위 주소지에 거주하지 않는 것으로 확인되어 채권자는 채무자의 송달장소를 알 수 없으므로 공시송달을 신청할 수 있는 요건이 갖추어졌습니다.

그러나 채권자는 먼저 아래와 같은 조우송달을 실시한 후 그래도 송달이 되지 않을 경우에는 소제기신청을 하여 본안법원에서 공시송달을 신청할 것이므로 일단 공시송달은 유보하겠습니다.

2. 따라서 채권자는 채무자를 상대로 물품사기 혐의로 광주 광산경찰서에 ○○○○년 형제○○○○호로 고소하였는데 수사를 담당하는 사법경찰관이 압수수색영장을 발부받아 소재를 파악하고 채무자의 휴대전화로 ○○○○. ○○. ○○. ○○:○○에 출석요구를 하자 채무자는 광주 광산경찰서 수사과 조사계 경제2팀 경사 ○○○에게 피의자로 ○○○○. ○○. ○○. ○○:○○에 출석하겠다고 약속을 하였습니다.

3. 특별송달을 신청하오니 귀원 소속 집행관으로 하여금 ○○○○. ○○. ○○. ○○:○○ 광주 광산경찰서 수사과 조사계 경제2팀 경사 ○○○에게 채무자가 ○○○○년 형 제○○○○호 물품사기 혐의로 피의자신문조사를 받기 위해 피의자로 채무자가 출석하오니 채무자가 경사 ○○○의 면전에서 피의자신문조서를 받을 때 송달받을 사람이 누구인지 채무자를 쉽게 알아 볼 수 있으므로 채무자가 피의자신문조서를 마치고 나올 때 그 조사실에서 채무자 ○○○에게 지급명령을 송달해 주시기 바랍니다.

4. 민사소송법 제183조(송달장소) 제1항 송달은 받을 사람의 주소 · 거소 · 영업소 또는 사무소(이하 "주소 등" 이라 한다)에서 한다. 다만, 법정대리인에게 할 송달은 본인의 영업소나 사무소에서도 할 수 있다. 제2항 제1항의 장소를 알지 못하거나 그 장소에서 송달할 수 없는 때에는 송달받을 사람이 고용 · 위임 그 밖에 법률상 행위로 취업하고 있는 다른 사람의 주소 등(이하 "근무 장소" 라 한다)에서 송달할 수 있다. 제3항 송달받을 사람의 주소

등 또는 근무 장소가 국내에 없거나 알 수 없는 때에는 그를 만나는 장소에서 송달할 수 있다. 제4항 주소 등 또는 근무 장소가 있는 사람의 경우에도 송달받기를 거부하지 아니하면 만나는 장소에서 송달할 수 있다. 라는 규정에 의하여 ○○○○. ○○. ○○. ○○:○○ 광주 광산경찰서 ○○○○년 형제○○○○호 물품사기 혐의로 광주 광산경찰서 수사과 조사계 경제2팀 경사 ○○○에게 출석하여 피의자신문조서를 받고 나오는 채무자 ○○○를 만나 조우송달을 실시하고자 하오니 아울러 허가하여 주시기 바랍니다.

소 명 자 료 및 첨 부 서 류

1. 고소장   1통
1. 채무자에게 출석을 통보한 사실   1통

○○○○ 년 ○○ 월 ○○ 일

위 채권자 : ○○○(인)

광주지방법원 독촉계 귀중

■ 편 저 대한법률콘텐츠연구회 ■

(연구회 발행도서)
- 지급명령 이의신청서 답변서 작성방법
- 새로운 고소장 작성방법 고소하는 방법
- 민사소송 준비서면 작성방법
- 형사사건 탄원서 작성 방법
- 형사사건 양형자료 반성문 작성방법
- 공소장 공소사실 의견서 작성방법
- 불기소처분 고등법원 재정신청서 작성방법
- 불 송치 결정 이의신청서 재수사요청

지급명령 신청 · 송달 · 작성방법 절차의 실무지침서
처음부터 끝까지 지급명령 신청방법·절차

2025년 09월 10일 인쇄
2025년 00월 15일 발행

편 저 대한법률콘텐츠연구회
발행인 김현호
발행처 법문북스
공급처 법률미디어

주소 서울 구로구 경인로 54길4(구로동 636-62)
전화 02)2636-2911~2, 팩스 02)2636-3012
홈페이지 www.lawb.co.kr

등록일자 1979년 8월 27일
등록번호 제5-22호

ISBN 979-11-94820-29-1(13360)

정가 28,000원

| 역자와의 협약으로 인지는 생략합니다.
| 파본은 교환해 드립니다.
| 이 책의 내용을 무단으로 전재 또는 복제할 경우 저작권법 제136조에 의해 5년 이하의 징역 또는 5,000만원 이하의 벌금에 처하거나 이를 병과할 수 있습니다.

> 이 도서의 국립중앙도서관 출판예정도서목록(CIP)은 서지정보유통지원시스템 홈페이지(http://seoji.nl.go.kr)와 국가자료종합목록 구축시스템(http://kolis-net.nl.go.kr)에서 이용하실 수 있습니다.

홈페이지 www.lawb.co.kr
페이스북 www.facebook.com/bummun3011
인스타그램 www.instagram.com/bummun3011
네이버 블로그 blog.naver.com/bubmunk

법률서적 명리학서적 외국어서적 서예·한방서적 등

최고의 인터넷 서점으로

각종 명품서적만을 제공합니다

각종 명품서적과 신간서적도 보시고

법률·한방·서예 등 정보도

얻으실 수 있는

핵심법률서적 종합 사이트

www.lawb.co.kr

(모든 신간서적 특별공급)

---

facebook.com/bummun3011
instagram.com/bummun3011
blog.naver.com/bubmunk

대표전화 (02) 2636 - 2911